Jeeca Uy

Asien vegan

AF645095

Tragen Sie sich jetzt unter
www.vegetarisch-und-vegan.de
für unseren Newsletter ein und erhalten
Sie zu neuen Veröffentlichungen
Leseproben und kostenlose Rezepte!

Jeeca Uy

Asien vegan

Die beliebtesten Rezepte aus Thailand, Vietnam, Japan, China, Korea und Co.

riva

Bibliografische Information der Deutschen Nationalbibliothek
Die Deutsche Nationalbibliothek verzeichnet diese Publikation in der Deutschen Nationalbibliografie. Detaillierte bibliografische Daten sind im Internet über http://dnb.d-nb.de abrufbar.

Für Fragen und Anregungen
info@rivaverlag.de

Wichtiger Hinweis
Ausschließlich zum Zweck der besseren Lesbarkeit wurde auf eine genderspezifische Schreibweise sowie eine Mehrfachbezeichnung verzichtet. Alle personenbezogenen Bezeichnungen sind somit geschlechtsneutral zu verstehen.

Originalausgabe
2. Auflage 2023

Türkenstraße 89
80799 München
Tel.: 089 651285-0
Fax: 089 652096

Übersetzung: Martina Fischer
Redaktion: Ulrike Reinen
Umschlaggestaltung: Pamela Machleidt
Abbildungen und Umschlagabbildungen: Jeeca Uy
Layout und Satz: Andreas Linnemann
Druck: Firmengruppe APPL, aprinta Druck, Wemding
Printed in Germany

ISBN Print 978-3-7423-1999-9
ISBN E-Book (PDF) 978-3-7453-1742-8
ISBN E-Book (EPUB, Mobi) 978-3-7453-1743-5

Für alle, die an mich geglaubt haben:
Danke! Ihr habt mir geholfen,
meine Flügel auszubreiten.

Inhalt

Hallo!

你好 nǐ hǎo! Mabuhay!

Falls du dies liest und wenig oder nichts über mich weißt – ich bin Jessica, für meine Freunde und in der Familie aber normalerweise Jeeca. Seit ich 17 Jahre alt bin, lebe ich vegan. 2015 startete ich mit meinem Foodblog und dem Instagram-Account *The Foodie Takes Flight*. Dort wollte ich täglich meine Mahlzeiten dokumentieren und meine Lieblingsgerichte aus der Kindheit nachkreieren. Ich hatte ja nicht geahnt, dass ich mit meinen Rezepten und Geschichten Hunderttausende Menschen erreichen kann. Damals habe ich mir bloß sehr gewünscht, mir würde jemand eine Orientierung mit auf den Weg geben, wie ich auch als Veganerin asiatische Speisen kochen und zubereiten kann.

Ich bin auf den sonnigen (und sehr feuchten) südostasiatischen Philippinen geboren und aufgewachsen. Das Land umfasst mehr als 7.000 Inseln (je nachdem, ob Ebbe oder Flut ist, haha!). Ich bin in einem mehrsprachigen Haushalt aufgewachsen. Meine Eltern sprechen eine Mischung aus Englisch, Filipino und Hokkien. Väterlicherseits bin ich in fünfter Generation Chinesin: Meine Urgroßeltern wanderten aus der chinesischen Provinz Fujian aus und ließen sich auf den Philippinen nieder. Ich wurde mit einer Mischung aus chinesischen und philippinischen Traditionen erzogen und das hat meinen Geschmack und meine Vorlieben beim Kochen sehr beeinflusst. Ich habe lebhafte frühe Küchenerinnerungen, von meiner Mutter erfuhr ich Tipps und Tricks, die sie ihrerseits von meiner Guama (Mutter meiner Mutter) und meiner Ama (Mutter meines Vaters) erfahren hatte.

Ich hatte auch das große Glück, mit einem breiten Spektrum an Kulturen in Berührung zu kommen, denn meine Eltern lieben das Reisen. Ich kenne niemanden, der härter arbeitet als sie; unermüdlich sorgten sie für meine Schwester und mich. Falls Zeit und Budget es zuließen, versuchten sie, jedes Jahr ein neues Land und eine neue Stadt zu besuchen, damit wir mehr sehen konnten als nur die Sehenswürdigkeiten und auch, um uns ein besseres Weltverständnis zu vermitteln. Dieses hautnahe Erleben hat meiner Liebe zum Essen und für die Kultur den Weg bereitet. Es sind Erinnerungen, die ich bis heute schätze und bewahre – und ich bin unendlich dankbar, dass ich früh in meiner Kindheit die Chance hatte, dies zu erleben.

Dieses Kochbuch ist eine Zusammenstellung einiger meiner liebsten ost- und südostasiatischen Gerichte, mit denen ich aufgewachsen bin – Gerichte von Familientreffen, aus Lieblingsrestaurants, von Reisen oder einfach zu Hause gekochter Mahlzeiten.

Zwar liebe ich es, essen zu gehen und neue Gerichte auszuprobieren – ob in einem chinesischen Restaurant oder aus einem winzigen Fenster in der Ramen-Straße –, aber nichts geht über das Selbstkochen zu Hause. Ich wollte Rezepte kreieren, die nicht auf Kosten des Geschmacks so simpel sind, sondern diese Balance mit einfachen und dennoch geschmacklich wirklich guten Mahlzeiten schaffen, die man zu Hause aus leicht erhältlichen Zutaten unkompliziert kocht. Gewisse Vorräte musst du dir natürlich zulegen, damit du den gewünschten Geschmack erzielen kannst. Wenn du diese wenigen Grundzutaten auf Lager hast, kannst du die Gerichte dieses Buchs für dich oder deine Lieben schnell zaubern, sei es ein einfaches Essen unter der Woche oder für eine Feier.

Stell dich auf ein ganzes Kapitel mit Rezepten ausschließlich mit Tofu ein, denn, ja, Tofu ist wahrscheinlich die Grundkomponente schlechthin in der asiatischen Küche (sieh dir meine Gerichte an!), besonders für Veganer, zumal er eine wunderbare Proteinquelle darstellt. Ein weiteres Kapitel enthält Nudel- und Reisrezepte, denn diese beiden Zutaten sind Grundnahrungsmittel in asiatischen Haushalten. Wir als chinesisch-philippinischer Haushalt haben unerschöpfliche Vorräte an Reis und Nudeln, vertraue mir also, wenn ich sage, dass wir ohne sie nicht leben können. Ich beschreibe viele verschiedene Arten, Reis und Nudeln zu genießen, und bestimmt wirst du schließlich eine zweite oder sogar eine dritte Portion verdrücken.

Die Rezepte in diesem Buch sollen die Kulturen dieser Gerichte widerspiegeln und ihnen gerecht werden und zugleich möglichst einfach und zugänglich sein. Ich war immer überzeugt davon, dass Essen die Kraft hat, Menschen zusammenzubringen. Und ich hoffe wirklich, dass die Rezepte in diesem Buch deinen Gaumen auf eine kleine Reise durch Ost- und Südostasien mitnehmen und dass ihr – du, deine Freunde, deine Familie und andere liebe Menschen – am Schluss glücklich seid und eure Bäuche zufrieden sind.

Wenn es etwas gibt, das ich in der Küche von meiner Mutter gelernt habe, dann dies: immer wieder kosten und nach Wunsch Zutaten und Mengen anpassen! Sie hatte sich nie strikt an Rezepte gehalten und folgte ihren Instinkten und ihren Geschmacksknospen. Diese Rezepte haben also zwar jeweils eine Zutatenliste und Mengenangaben, ich möchte aber, dass sie mehr als Leitfaden dienen und das Geschmacksprofil des Gerichts als Ganzes bestimmen. Alle Rezepte sind sehr flexibel und du wirst häufig die Worte »falls gewünscht« lesen. Genieße den Prozess der Zubereitung und das Kreativwerden in der Küche.

Frohes Kochen!

Jeeca

Tofu auswählen, aufbewahren und zubereiten

In vielen Rezepten dieses Buchs verwende ich Tofu als Hauptzutat, denn Tofu ist sehr wandlungsfähig, eiweißreich und ein hervorragender Fleischersatz in Gerichten, die traditionellerweise auf Fleisch basieren. Tofu ist nicht nur in der veganen Küche verbreitet, in der asiatischen Küche hat er seit Generationen einen festen Platz. Wie du bestimmt schon weißt, gibt es gewöhnlich 3 Sorten: Seidentofu sowie festen und extrafesten Tofu. Hier stelle ich detailliert meine Tipps hinsichtlich Auswahl, Aufbewahrung und Zubereitung dieser drei Sorten vor.

Tofu auswählen

Mein Lieblingstofu ist der extrafeste, weil er sich am einfachsten aufbewahren und verarbeiten lässt. Er ist zudem der »fleischigste«, was die Textur angeht, und kompakter als die anderen. Natürlich wird je nach Rezept unterschiedlicher Tofu benötigt. Fester Tofu eignet sich zum Frittieren am besten, denn er bleibt so gut in Form, dass er schön golden und knusprig ausgebacken werden kann und man sich kaum Sorgen machen muss, dass er zerfällt. Du kannst ihn außen knusprig bekommen und innen besitzt er trotzdem noch diesen saftigen Biss. Der feste und der extrafeste Tofu können leicht die Hauptzutat eines Gerichts werden, denn durch ihre Textur sind beide ein guter Fleischersatz. Man findet auch extrafeste gebackene oder geräucherte Tofublöcke, die schon mariniert sind. Sie schmecken normalerweise ganz leicht rauchig. Das passt gut zu pfannengerührten Mahlzeiten wie Bratreis oder Nudelgerichten. Seidentofu hingegen ist etwas schwieriger zu verarbeiten, doch was er mit einem Gericht macht, ist absolut außergewöhnlich – köstlichen, soßigen Rezepten wie Mapo-Tofu (S. 63) verleiht er eine schöne weiche und samtige Textur und hebt sie wirklich auf ein ganz neues Level.

Für den Einkauf wäre ein örtlicher Soja- oder Tofuladen oder ein asiatisches Lebensmittelgeschäft in deiner Nähe ideal. In asiatischen Läden kann Tofu in eingeschweißten Schaumstoffschalen erhältlich sein. Wenn es einen Tofuhersteller gibt, bei dem du frisch gemachten Tofu kaufen kannst, dann ist das die beste Option für dich, denn frischer Tofu ist einfach unvergleichlich! Den Unterschied zwischen frisch hergestelltem Tofu und dem abgepackten aus der Kühltheke in Supermärkten oder Lebensmittelgeschäften wirst du ganz deutlich schmecken.

Wenn du Tofu nur im Supermarkt kaufen kannst, achte darauf, dass noch möglichst viel Zeit bis zum Mindesthaltbarkeits- oder Verfallsdatum ist. Wirf einen Blick auf das Datum der Herstellung, falls möglich. Mein Problem mit Tofu aus Lebensmittelgeschäften ist, dass er sich oft tage-, sogar wochenlang in derselben Packung mit derselben Flüssigkeit befindet und irgendwann säuerlich riechen und schmecken kann. Falls du durch die Plastikverpackung hindurchschauen kannst, achte möglichst darauf, dass die Flüssigkeit klar ist. Wenn der Tofu zu lange in der Flüssigkeit war, nimmt sie allmählich eine milchige und trübe Farbe an.

Tofu aufbewahren

Seidentofu: Ihn gibt es als Block in verschlossenen Behältern oder in einer langen, schlauchartigen Plastikverpackung. Ich finde, dass sich die Schlauch-Verpackung besser und länger lagern lässt, weil der Tofu darin vollständig vakuumverpackt und sicher ist.

Fester und extrafester Tofu: Dieser Tofu ist normalerweise in vakuumverschlossenen Plastikverpackungen mit etwas Wasser abgepackt. Wie zuvor gesagt, sind diese Tofustücke oft Tage oder Wochen in derselben Flüssigkeit gewesen und haben dadurch mitunter einen unappetitlichen Geschmack und Geruch bekommen. Außerdem können sich manche Tofu schleimig anfühlen, wenn sie zu lange in derselben Flüssigkeit gewesen sind.

Ich empfehle, vakuumverpackten Tofu aus dem Lebensmittelgeschäft aus der Verpackung zu nehmen, unter fließendem Wasser zu spülen, in einen großen, luftdichten Behälter zu geben und diesen mit frischem, kaltem Wasser so weit aufzufüllen, dass der Tofu komplett bedeckt ist; nun bis zum Verbrauch in den Kühlschrank stellen und alle 2 Tage das Wasser wechseln. Mein Tofu hält sich abgespült und in luftdichten Behältern bis zu 2 Wochen. Wenn du den Tofu aus dem Wasser nimmst und den Eindruck hast, dass er schleimig geworden ist, dann wasch ihn gründlich ab. Wenn er säuerlich riecht, wirf ihn weg.

Tofu zubereiten

Seidentofu: Seidentofu benötigt wenig bis gar keine Vorbereitung, denn er ist sehr weich und zerfällt leicht. Du brauchst ihn nicht in Tücher zu wickeln oder überschüssige Flüssigkeit auszudrücken. Du kannst ihn auf ein Brettchen oder eine andere ebene Fläche legen, je nach Rezept zerschneiden und sorgfältig mit Küchentüchern abtupfen, um etwas von der überschüssigen Flüssigkeit aufzusaugen. Wenn du den Seidentofu auf dem Brettchen liegen lässt, wirst du sehen, dass das überschüssige Wasser von allein austritt.

Fester und extrafester Tofu: Die festen Tofusorten sind einfach zu handhaben und du kannst sie in Geschirr- oder Papiertücher wickeln und die überschüssige Flüssigkeit herausdrücken. Diese Tofusorten sind wie Schwämme und enthalten schon beim Kauf eine erhebliche Menge Wasser. Deswegen ist es ganz wichtig, das Wasser zu entfernen, damit man den Tofu richtig würzen und genießen kann.

Festen und extrafesten Tofu auspressen

Wickele den Tofu in Papier- oder Küchentücher ein und lege ihn auf einen Teller oder eine andere ebene Fläche.

Nun lege 2 Schneidbretter oder einen anderen schweren, flachen Gegenstand, z. B. einen Teller, auf den Tofu, um die überschüssige Flüssigkeit herauszudrücken. Ich lasse die Brettchen normalerweise gut 10 Minuten auf dem Tofu. Achte aber darauf, dass die Teller nicht zu schwer sind, sonst kann der Tofu gequetscht werden oder ganz zerfallen. Nach dem Ausdrücken merkst du, dass der Tofu etwas geschrumpft ist und ziemlich viel Wasser abgegeben hat (das ist jetzt im Tuch).

Eine Alternative zur Tuch-Brettchen-Methode ist die Anschaffung einer Tofupresse, denn ja, so etwas gibt es!

Ist die überschüssige Flüssigkeit ausgepresst, wird der Tofu den ganzen Geschmack aufnehmen, wenn er mariniert oder in einer Soße gekocht wird –, und schmeckt sehr viel besser.

Tofu einfrieren

Ich kenne viele Leute, die auf gefrorenen Tofu schwören, denn das Einfrieren erzeugt diese wunderschönen Schichten zwischen den Tofublöcken und ahmt die fleischige Textur von Hähnchen oder sogar Schweinefleisch nach. Das kommt daher, dass Tofu eine erhebliche Menge Wasser enthält. Beim Einfrieren entstehen diese kleinen Taschen, sogar Schichten, und wenn das Wasser schmilzt, bleiben diese zurück. Manche Leute gehen sogar so weit, den Tofu zweimal einzufrieren: einfrieren, auftauen, nochmals einfrieren und dann schließlich ganz auftauen lassen und die überschüssige Flüssigkeit herauspressen.

Meiner Erfahrung nach bleibt aber so mancher Tofu nicht gut in Form, wenn er gefroren war, sogar wenn es sich um dieselbe feste oder extrafeste Sorte handelt, mit der es schon einmal gut funktioniert hat. Ich glaube, das hängt mit dem Gerinnungsverfahren der Hersteller zusammen, kann also je nach Tofu klappen oder nicht, und deswegen braucht es am Anfang vielleicht ein wenig Versuch und Irrtum. Der Prozess des Einfrierens und Auftauens lohnt sich sehr, vor allem bei bestimmten Rezepten, z. B. bei Char-Siu-Tofu (S. 60), bei japanischem TofuTonkatsu (S. 68) und bei koreanischem knusprigem, süß-scharfem Tofu (S. 64), der mit einer »fleischigeren« und dem Hähnchenfleisch ähnlichen Textur noch köstlicher ist.

Wenn du Tofu für ein Rezept einfrieren möchtest, schneide ihn in Scheiben oder Würfel – was du lieber magst oder was das Rezept vorsieht –, lege die Stücke in eine Schale oder einen Behälter mit Deckel und lasse sie über Nacht gefrieren. Du brauchst den Tofu vorher nicht auszupressen. Den gefrorenen Tofu lässt du einfach bei Zimmertemperatur komplett auftauen und drückst dann behutsam das Wasser heraus. Ich mache das normalerweise am liebsten von Hand und drücke das Wasser mit einem Finger heraus, wenn der Tofu vorher in Würfel geschnitten wurde. Bei gefrorenen Tofuscheiben drücke ich das Wasser heraus, indem ich sie einfach auf die Handfläche lege und vorsichtig durch Drücken die Flüssigkeit herauspresse.

Köstliche Dim-Sum und Teigtaschen

Dim-Sum-Gerichte werden üblicherweise in kleinen Portionen serviert, die man sich teilt – bunt gemischte Teigtaschen und Brötchen, in mehrstöckigen Bambusdämpfern übereinandergestapelt. So ist es eine Überraschung, welches Häppchen man zuerst kostet! Teigtaschen in allen Formen und Größen sind meine persönlichen Favoriten. In diesem Kapitel sind sie mit Tofu und Gemüse gefüllt, das sorgt für dieses appetitanregende Gefühl beim Hineinbeißen. Ob gedämpft, gekocht oder aus der Pfanne, am besten schmecken sie mit den verschiedenen Würzsoßen und Dips, die das Ganze noch köstlicher machen. Hier findest du auch noch weitere Optionen, z. B. Wantans und frittierte Frühlingsrollen, außen so schön knusprig und innen herzhaft gefüllt.

Tofu-Wantans in Chili-Soja-Soße

Diese Wantans in köstlich duftender Chili-Soja-Soße sind mit Tofu, Karotten und Frühlingszwiebeln gefüllt. Vermutlich wirst du einen ganzen Teller voll essen!

Für 18 Wantans
Vorbereitung: 25 Minuten
Kochzeit: 15 Minuten

18 quadratische Wantan-Blätter (9 cm)
1 Prise Salz

Tofufüllung
400 g extrafester Tofu
5 mittelgroße Shiitakepilze, frisch oder getrocknet, gewürfelt
15 ml Sesamöl
35 g Frühlingszwiebeln, klein geschnitten, plus etwas mehr zum Garnieren (optional)
2 Knoblauchzehen, gehackt
1 mittelgroße Karotte, geschält und fein gerieben
3 EL Sojasoße oder Menge nach Geschmack
¼ TL weißer Pfeffer aus der Mühle
¼ TL Salz oder Menge nach Geschmack
¼ TL chinesisches Fünf-Gewürze-Pulver (optional)
2 EL Maisstärke

Chili-Soja-Soße
120 ml Wantan- oder Gemüsebrühe
1 EL Chili-Knoblauch-Öl mit Bodensatz oder Menge nach Geschmack (Rezept S. 159)
1 EL Sojasoße
1 EL Reisessig
1 TL Rohrzucker
1 TL Sesam
1 TL Sesamöl

Gefrorene Wantan-Blätter bei Zimmertemperatur auftauen lassen, bis man sie falten kann. Mit einem Tuch zudecken, damit sie nicht austrocknen.

Tofufüllung zubereiten: Tofu auspressen (weitere Details siehe S. 13). Danach den Tofu in eine Schüssel geben und mit den Händen oder einer Gabel zerkrümeln. Getrocknete Shiitakepilze in eine kleine Schüssel in kochend heißes Wasser geben und zugedeckt 15 Minuten einweichen lassen.

Eine mittelgroße Pfanne oder einen Wok auf mittlerer bis hoher Stufe erhitzen. Sesamöl hineingeben und erhitzen, dann Frühlingszwiebeln und Knoblauch 2 Minuten unter Rühren anbraten. Geriebene Karotten und Pilze dazugeben. 2 Minuten unter Rühren anbraten oder bis sie weich sind. Zerkrümelten Tofu, Sojasoße, Pfeffer, Salz und Fünf-Gewürze-Pulver (falls verwendet) hinzufügen. Gut vermischen und 2 Minuten kochen. Maisstärke hinzugeben und gründlich vermengen; sie hilft, das Gemisch zu binden. Wenn die Maisstärke sich auflöst, wird das Tofugemisch dick. Vom Herd nehmen und die Füllung in eine große Schüssel geben. Mindestens 5 Minuten abkühlen lassen.

1 ½ TL Füllung in die Mitte eines Teigblatts setzen und zu einem Wantan verschließen. Fortfahren, bis die gesamte Füllung in insgesamt 18 Wantans verarbeitet ist (Schritt-für Schritt-Anleitung zum Falten der Wantans siehe S. 32/33).

Wantans garen: Wasser in einem großen Topf auf hoher Stufe zum Kochen bringen. Etwas Salz hineingeben. Sobald das Wasser kocht, die Hitze auf mittlere bis hohe Stufe verringern. Nun je nach Topfgröße 8–10 Wantans hineingeben und 1–2 Minuten kochen; dabei mit einem Holzlöffel bewegen, damit sie nicht am Topfboden ansetzen. Sobald sie nach oben steigen und die Wantan-Blätter glasig sind, mit dem Löffel herausnehmen. Mit den restlichen Wantans wiederholen. Das Kochwasser nicht weggießen, denn es kann als Brühe für die Soße verwendet werden.

Soße zubereiten: In einer Schüssel die 120 ml Brühe und die restlichen Soßenzutaten vermischen und je nach Geschmack nachwürzen. Soße über die Wantans gießen. Optional mit Frühlingszwiebeln garnieren.

Zum Einfrieren die gefalteten, nicht gekochten Wantans auf ein Tablett setzen und 3–5 Stunden einfrieren oder bis sie hart geworden sind, dann in ein Behältnis oder einen Gefrierbeutel legen. Die gefrorenen Wantans ins Kochwasser geben; sie müssen nicht vorher auftauen.

Gedämpfte Teigtaschen mit Schnittlauch und Weißkohl

Gedämpfte Teigtaschen, heiß im Bambusdämpfer serviert, sind ein Knüller. Hier werden sie mit einer köstlich pikanten Mischung aus Tofu, Schnittlauch und Weißkohl, der die Füllung schön knackig macht und ihr eine besondere Textur gibt, zubereitet. Wer die Unterseite gern knusprig und goldbraun hat, kann diese Teigtaschen auch in der Pfanne anbraten und als »Potsticker« genießen. Iss deinen Lieblingsdip dazu oder ein Gemisch aus Sojasoße, Chinkiang-Essig sowie Chilisoße für den Schärfekick.

Für 35 Teigtaschen
Vorbereitung: 35 Minuten
Kochzeit: 25 Minuten

35 Teigblätter (7,5 cm, Rezept zum Selbstmachen auf S. 26)
450 g extrafester Tofu
2 EL Sesamöl
2 Knoblauchzehen, gehackt
30 g chinesischer Schnittlauch, klein geschnitten
3 große Frühlingszwiebeln, in Ringe geschnitten
500 g Weißkohl, gehobelt
2 EL Sojasoße oder Menge nach Geschmack
¾ TL Salz oder Menge nach Geschmack
¼ TL weißer Pfeffer aus der Mühle
¼ TL chinesisches Fünf-Gewürze-Pulver (optional)
2 ½ EL Maisstärke
Sesam zum Garnieren (optional)

Dip
3 EL Sojasoße
1 EL Chiankiang-Essig (chinesischer schwarzer Essig)
1 TL Chili-Knoblauch-Öl mit Bodensatz (Rezept zum Selbstmachen auf S. 159)

Utensilien
Bambusdämpfer
Backpapier

Gefrorene Teigblätter bei Zimmertemperatur auftauen lassen, bis man sie falten kann. Mit einem Tuch zudecken, damit sie nicht austrocknen.

Füllung zubereiten: Den Tofu mindestens 10 Minuten pressen, damit die überflüssige Flüssigkeit abtropft (weitere Details siehe S. 13). Danach den Tofu in eine Schüssel geben und mit den Händen oder einer Gabel zerkrümeln.

Eine große Pfanne oder einen Wok auf mittlerer bis hoher Stufe erhitzen. Sesamöl hineingeben. Knoblauch, Schnittlauch und Frühlingszwiebeln in das heiße Öl geben. 2 Minuten unter Rühren anbraten. Nun Weißkohl und Tofu hinzugeben. Die Hitze auf hohe Stufe stellen. Mit Sojasoße, Salz, Pfeffer und Fünf-Gewürze-Pulver (falls verwendet) würzen. Gut mischen, dann 3–4 Minuten garen oder bis der Weißkohl weich ist. Die Hitze auf mittlere Stufe verringern. Maisstärke hinzugeben und gut vermischen. Wenn die Flüssigkeit aus dem Tofu die Maisstärke absorbiert, wird das Tofu-Weißkohl-Gemisch eindicken. Weitere 2–3 Minuten kochen oder bis sich das Gemisch sehr gut verbunden hat. Vom Herd nehmen und die Füllung mindestens 5 Minuten abkühlen lassen.

Währenddessen den Dip zubereiten: In einer kleinen Schale alle Zutaten miteinander vermischen; Mengen je nach erwünschtem Geschmack anpassen. Beiseitestellen.

Die Füllung in 35 Portionen aufteilen. Ich nehme dazu mit einem großen Esslöffel je eine großzügige Menge Füllung und rolle und presse sie zwischen den Handflächen zu einem Oval.

Ein solches Oval in die Mitte eines Teigblatts setzen und dieses verschließen und falten. Alle 35 Portionen in ihre Teigblätter verpacken und verschließen (eine Schritt-für-Schritt-Anleitung zum Falten sowie Aufbewahrungstipps für Teigtaschen siehe S. 30/31).

Jetzt wird der Dämpfer vorbereitet. Wenn ein Bambusdämpfer verwendet wird, in einem großen Topf oder einem Wok auf hoher Stufe so viel Wasser erhitzen, dass die Unterkanten des Dämpfers das Wasser be-

rühren. Sobald das Wasser munter zu kochen beginnt, die Hitze auf mittlere Stufe verringern.
Wird ein Dämpfer mit Glas- oder Metalldeckel verwendet, den Deckel mit einem großen Küchentuch umwickeln, damit es den feuchten Dampf aufnimmt. Den gewählten Dämpfer mit Backpapier auslegen, sodass die Teigtaschen nicht kleben bleiben. Die Teigtaschen chargenweise in den so vorbereiteten Dämpfer legen. Darauf achten, dass sie mindestens 1,5 cm Abstand zueinander haben, denn der Teig geht beim Garen etwas auf. 10–12 Minuten dämpfen oder bis die Teigblätter leicht glasig werden. Falls nötig – je nach Größe des Dämpfers – mit den restlichen Teigtaschen wiederholen.

Die Teigtaschen mit Sesam garnieren, falls gewünscht. Noch heiß mit dem Dip servieren.

Teigtaschen als Potsticker zubereiten

Alternativ kannst du die Teigtaschen auch braten. Dazu einfach eine große antihaftbeschichtete Pfanne (mit Deckel!) auf hoher Stufe erhitzen und den Pfannenboden mit 1 EL neutralem Öl benetzen. Wenn die Pfanne heiß ist, 9 Teigtaschen mit Abstand hineingeben und ohne Deckel bei mittlerer bis hoher Stufe braten, bis die Unterseiten goldbraun und knusprig sind (5–6 Minuten). Dann 60 ml Wasser hineingießen. Sofort den Deckel auflegen und die Teigtaschen dämpfen, bis das Wasser verdampft ist und die Teigtaschen gar sind (etwa 6 Minuten).

Knusprige Gemüse-Frühlingsrollen

Als Kinder gehörten gebratene Frühlingsrollen zu unseren Lieblingsgerichten. Wann immer wir zu einem Geburtstag oder einem Familientreffen in einem chinesischen Restaurant waren, stets gab es Frühlingsrollen mit einer süßen Chilisoße. Diese Rollen sind mit Gemüse gefüllt, werden knusprig frittiert und dann in eine Soße getunkt – ein köstliches Fingerfood.

Für 12 Rollen
Vorbereitung: 20 Minuten
Kochzeit: 30 Minuten

12 quadratische Frühlingsrollen- oder Lumpia-Blätter (22 cm)

Gemüsefüllung

2 EL neutrales Öl
½ Zwiebel, gewürfelt
2 große Frühlingszwiebeln, in feine Ringe geschnitten (weiße und grüne Abschnitte)
2 Knoblauchzehen, gehackt
500 g Weißkohl, gehobelt
120 g Karotte, geraspelt
1 mittelgroße Paprikaschote, ohne Kerne und in feine Streifen geschnitten
2 EL Wasser
1 TL Salz oder Menge nach Geschmack
1 EL Sojasoße oder Menge nach Geschmack
¼ TL weißer Pfeffer aus der Mühle
1 ½ TL Sesam

Zum Kochen und Servieren

neutrales Öl zum Braten
süße Chilisoße als Dip

Gefrorene Teigblätter bei Zimmertemperatur auftauen lassen, bis man sie falten kann. Mit einem Tuch zudecken, damit sie nicht austrocknen.

Gemüsefüllung vorbereiten: Eine große Pfanne oder einen Wok auf mittlerer bis hoher Stufe erhitzen. Das Öl in die heiße Pfanne geben und Zwiebeln, Frühlingszwiebeln und Knoblauch 1 Minute unter Rühren anbraten. Dann Weißkohl, Karotte und Paprikaschote hineingeben. Wasser hinzufügen, um die Karottenraspeln zu garen. Das Gemüse mit Salz, Sojasoße und weißem Pfeffer würzen. Gründlich vermischen. Dann die Hitze auf mittlere Stufe verringern und weitere 3–4 Minuten kochen oder bis das Gemüse gar und das Wasser aus dem Gemüse verdampft ist. Sesam hineinmischen. Abschmecken und evtl. nachwürzen Vom Herd nehmen und die Füllung mindestens 5 Minuten abkühlen lassen.

Frühlingsrollen wickeln: Eine kleine Schale mit Wasser (Zimmertemperatur) zum Verkleben der Rollen bereitstellen. Ein quadratisches Teigblatt auf der Spitze stehend auf eine Arbeitsfläche legen. 2 EL Füllung in den unteren Bereich der Spitze legen (beachten, dass die Menge der Füllung sich nach der Größe der Teigblätter richtet). Diesen unteren Bereich von sich weg nach oben falten. Nun mit beiden Zeige- und Mittelfingern die Füllung zusammendrücken und das Teigblatt langsam erneut falten, bis die Mitte erreicht ist. Einen Finger ins Wasser tauchen und links und rechts auf die Spitzen des Teigblatts tupfen. Die beiden Spitzen zur Mitte legen und anschließend zur oberen Spitze des Teigblatts hin weiter aufrollen. Den äußersten oberen Rand des Teigblatts mit etwas Wasser benetzen; nun ganz aufrollen und die Ränder sauber verkleben. Diesen Schritt mit der restlichen Füllung und den restlichen Teigblättern wiederholen.

Die Frühlingsrollen braten: Auf hoher Stufe eine große Pfanne mit so viel Öl erhitzen, dass die Frühlingsrollen mindestens zur Hälfte im Öl versinken. Wenn das Öl heiß ist und kleine Bläschen aufsteigen, 6 oder mehr Rollen hineingeben, je nach Größe der Pfanne. Die Rollen sollten im Öl kräftig brutzeln. Die Frühlingsrollen nach 2 Minuten wenden oder wenn die erste Seite goldbraun ist, die andere braten. Wenn beide Seiten goldbraun sind, die Rollen aus dem Öl nehmen und in ein Sieb oder auf einen mit Küchenpapier ausgelegten Teller legen, damit das überschüssige Öl abtropft. Mit den

restlichen Frühlingsrollen wiederholen. Erst vom Herd nehmen, wenn alle Rollen gebraten und aus der Pfanne genommen sind, damit sie sich nicht mit Öl vollsaugen.

Die Rollen ein paar Minuten abkühlen lassen. Nicht abdecken, damit sie knusprig bleiben. Die Frühlingsrollen noch heiß verzehren; dazu die bevorzugte süße Chilisoße als Dip genießen.

Zubereitung im Backofen

Die Frühlingsrollen können auch im Ofen gebacken werden. Dazu die Rollen mit Öl einpinseln und auf ein mit Backpapier ausgelegtes Backblech legen. 40 Minuten bei 200 °C Ober-/Unterhitze (Umluft: 180 °C) backen; nach der Hälfte der Zeit wenden. Sie werden zwar nicht ganz so gleichmäßig goldbraun und saftig, aber dennoch sehr knusprig!

Anmerkung: Die Wantan-Cups kannst du am Vortag backen. Wichtig hierbei: komplett erkalten lassen, erst dann ohne Füllung in einem luftdichten Behälter verstauen. Auch die Füllung kannst du im Voraus zubereiten und vor der Verwendung einfach wieder erhitzen. Achte darauf, dass Cups und Füllung bis zum Fertigstellen getrennt aufbewahrt werden.

Gebackene Wantan-Cups mit süßem Chili-Tofu

In diesen krossen kleinen Wantan-Cups steckt Tofu, der mit einer süßen Chilisoße überzogen ist. Den Knusperbiss der Wantan-Cups und die soßige, »fleischige« Textur des Tofus wirst du lieben. Natürlich kannst du bei den Füllungen auch kreativ werden und anderes Gemüse deiner Wahl nehmen.

Für 12 Wantan-Cups
Vorbereitung: 15 Minuten
Kochzeit: 25 Minuten

Wantan-Cups
12 quadratische Wantan-Teigblätter (9 cm)
neutrales Öl zum Einpinseln

Süßer Chili-Tofu
400 g extrafester Tofu
½ TL Salz
neutrales Öl zum Braten
1 kleine weiße Zwiebel, gewürfelt
1 kleine rote Paprikaschote, ohne Kerne und gewürfelt
1 kleine grüne Paprikaschote, ohne Kerne und gewürfelt
180 ml deiner liebsten süßen Chilisoße oder Menge nach Geschmack
1 ½ TL Sojasoße oder Menge nach Geschmack

Zum Garnieren (optional)
Frühlingszwiebeln, gehackt
gerösteter Sesam

Die Wantan-Cups vorbereiten: Falls du gefrorene Teigblätter nimmst, achte darauf, dass sie bei Zimmertemperatur aufgetaut sind und sich falten lassen; andernfalls reißen sie leicht.

Den Ofen auf 180 °C Ober-/Unterhitze (Umluft: 160 °C) vorheizen. Alle Vertiefungen einer 12er-Muffinform dünn mit Öl auspinseln. Die Wantan-Blätter behutsam in die Vertiefungen drücken.

Die Muffinform in den Ofen setzen und die Wantan-Blätter backen, bis sie goldbraun sind (etwa 12 Minuten). Aus dem Ofen nehmen und die Form 5 Minuten abkühlen lassen, dann die Cups herausnehmen.

Tofu zubereiten: Den Tofu mindestens 10 Minuten auspressen, damit die überschüssige Flüssigkeit abläuft (weitere Details siehe S. 13), danach in ca. 1,5 cm große Würfel schneiden. Tofu in eine Schüssel geben und mit dem Salz bestreuen. Vorsichtig mischen und das Salz gut auf den Würfeln verteilen.

Eine große Pfanne auf mittlerer bis hoher Stufe erhitzen. So viel Öl hineingeben, dass der Pfannenboden bedeckt ist. Wenn Bläschen im Öl aufsteigen, den Tofu hineingeben und anbraten, bis die Würfel ringsherum goldbraun sind; dazu alle 2 Minuten wenden (insgesamt 6 Minuten). Tofu aus dem Öl nehmen und in ein Sieb geben, damit das überschüssige Fett abtropft. Beiseitestellen.

Das Öl aus der Pfanne abgießen. Die Zwiebeln auf mittlerer Stufe unter Rühren anbraten, bis sie glasig werden (etwa 1 Minute). Paprikaschoten hinzugeben und 3–4 Minuten oder bis sie weich sind unter Rühren braten. Süße Chilisoße und Sojasoße hinzugeben. Gründlich vermischen, dann 2 Minuten simmern lassen. Tofu hinzugeben und 2–3 Minuten kochen lassen oder bis die Soße eindickt. Tofu kosten und nach Belieben mit süßer Chilisoße oder Sojasoße abschmecken. Vom Herd nehmen und den Tofu 5 Minuten abkühlen lassen.

Wantan-Cups fertigstellen: In jeden Cup 1–1 ½ EL Füllung geben; mit Frühlingszwiebeln und Sesam garnieren, falls gewünscht.

Gua Baos mit Char-Siu-Tofu

Die luftig-weichen, gedämpften Brötchen sind mit süßem und herzhaftem Char-Siu-Tofu gefüllt. Eingelegte Karotten und Gurken sorgen für den köstlichen und erfrischenden Biss. Kröne das Ganze mit ein paar gehackten Erdnüssen und Chili. Du kannst die Gua Baos als Snack oder als eigenständige leckere Mahlzeit genießen.

Für 12 Gua Baos
Vorbereitung: 30 Minuten
Kochzeit: 15 Minuten

Eingelegte Gurken und Karotten
280 g Salatgurke, ohne Kerne und fein gestiftelt
85 g Karotte, gestiftelt
1 EL grobes Salz
60 ml Reisessig
1 ½ EL Rohrzucker oder Menge nach Geschmack
1 TL gerösteter Sesam

Gua Boas
12 gedämpfte Brötchen (Rezept zum Selbstmachen auf S. 28)
1 Rezept Char-Siu-Tofu (S. 60)
geröstete Erdnüsse, gehackt
rote Chilischoten, gehackt (optional)

Eingelegte Gurken und Karotten vorbereiten: Gurken und Karotten in ein Sieb geben und dieses auf eine Schüssel stellen, um die Flüssigkeit aufzufangen. Salz zu Karotten und Gurken geben und vermischen. Das Gemüse mindestens 10 Minuten stehen lassen. Danach die überschüssige Flüssigkeit ausdrücken. Gurken und Karotten unter fließendem Wasser abspülen und das Salz abwaschen, dann das Gemüse ausdrücken und alle überschüssige Flüssigkeit abtropfen lassen.

In der Zwischenzeit Reisessig, Zucker und Sesam in einer mittelgroßen Schüssel verrühren, bis der Zucker sich aufgelöst hat. Das abgetropfte Gemüse mit der Essigmischung vermengen. Abschmecken und nach Wunsch nachwürzen. Das Ganze kann man 1 oder 2 Tage im Voraus zubereiten, denn das Gemüse schmeckt besser, wenn es in der Flüssigkeit zieht; das eingelegte Gemüse kann bis zu 1 Woche im Kühlschrank aufbewahrt werden.

Den Dämpfer vorbereiten: Wenn ein Bambusdämpfer verwendet wird, in einem großen Topf oder einem Wok auf hoher Stufe so viel Wasser erhitzen, dass die Unterkanten des Dämpfers das Wasser berühren. Sobald das Wasser zu kochen beginnt, die Hitze auf mittlere Stufe verringern. Wird ein Dämpfer mit Glas- oder Metalldeckel verwendet, den Deckel mit einem großen Küchentuch umwickeln, damit die Feuchtigkeit aus dem Dampf besser aufgenommen wird.

Die Brötchen 8–10 Minuten dämpfen, dann den Topf vom Herd nehmen. Den Deckel 10 Minuten auf dem Dämpfer lassen, erst dann öffnen und die Brötchen herausnehmen. Die gegarten Brötchen auf eine Platte oder einen Teller legen und mit einem sauberen, feuchten Handtuch zudecken, damit sie nicht zu schnell abkühlen und austrocknen.

Die Gua Baos anrichten: Vorsichtig ein gedämpftes Brötchen öffnen. Ein Stück Char-Siu-Tofu hineingeben, dann eine großzügige Portion eingelegte Karotten und Gurken. Mit gehackten Erdnüssen und schließlich mit etwas rotem Chili bestreuen, falls gewünscht. Mit den anderen Brötchen wiederholen.

Selbst gemachte Teigblätter

Diese einfachen Blätter für Teigtaschen werden aus nur 3 Zutaten bereitet. Sie lassen sich gut falten, auch ohne die Zugabe von extra Wasser.

Für 35 Teigblätter (7,5 cm)
Vorbereitung: 60 Minuten
Ruhezeit für den Teig: 20 Minuten

310 g Weizenmehl plus etwas mehr zum Bestäuben
¾ TL Meersalz
180 ml warmes Wasser
Kartoffelstärke oder Maisstärke zum Aufbewahren der Teigblätter

Utensil
Teigrolle

Teig zubereiten

In einer großen Schüssel Mehl und Salz vermischen. In die Mitte eine Vertiefung drücken und das warme Wasser hineingießen.

Mit einem Spatel o. Ä. Mehl und Wasser vermengen. Sobald der Teig anfängt, sich zu verbinden, kann man mit den Händen weiterarbeiten, entweder in einer großen Schüssel (minimaler Putzaufwand) oder auf einer leicht bemehlten Fläche. Den Teig gründlich aus der Schale kratzen und 7–8 Minuten kneten oder bis er weich ist und nicht mehr an den Händen klebt.

Den Teig zu einer großen Kugel formen und in die Mitte der Schüssel setzen. Mit einem sauberen, feuchten Tuch abdecken und 20 Minuten ruhen lassen.

Teig aufteilen

Die Arbeitsfläche bemehlen; dafür etwas Mehl mit der Handfläche auf der Arbeitsfläche verteilen. Den Teig aus der Schüssel nehmen und auf die bemehlte Arbeitsfläche legen. In die Mitte der Teigkugel mit dem Daumen ein Loch drücken. Das Loch vergrößern und den Teig zu einem Ring drücken und ziehen, bis er schließlich einen Durchmesser von etwa 30 cm hat.

Den Teig mit Mehl bestäuben. Mit einem Messer den Teigring in insgesamt ungefähr 35 Stück zu je 15 g schneiden.

Die Teigstücke wieder in die Schüssel geben und mit einem Tuch bedecken, damit sie nicht austrocknen.

Teigblätter ausrollen

Die Arbeitsfläche etwas bemehlen. Ein Teigstück zu einer Kugel rollen und mit der Handfläche leicht flach drücken.

Etwas Mehl auf den Teig und auch auf die Teigrolle geben. Den Teig ausrollen. Dazu in Vorwärts- und Rückwärtsbewegungen mit der Rolle über das Teigstück fahren; den Teig um 90° drehen und die Bewegung wiederholen. So fortfahren, bis das Teigblatt einen

Durchmesser von etwa 11,5 cm hat. Wenn du eine perfekte Kreisform hinbekommst, ist das super!

Mit dem restlichen Teig wiederholen, bis alle Kugeln zu Blättern für Teigtaschen ausgerollt sind. Auf eine Platte legen und mit einem sauberen, feuchten Tuch zudecken, damit sie nicht austrocknen, während die einzelnen Teigstücke bearbeitet werden.

Teigtaschenblätter aufbewahren

Die selbst gemachten Teigtaschenblätter verwendet man zwar am besten frisch, wenn du sie aber im Voraus machen möchtest, bewahrst du sie wie folgt auf:

Jedes Teigblatt mit ungefähr ¼ bis ½ TL Kartoffelstärke oder Maisstärke bestreuen und die Stärke auf beiden Seiten verteilen. Mit dem nächsten Teigblatt wiederholen, dann das zweite auf das erste Teigblatt legen. Sämtliche Teigblätter mit Stärke einreiben und stapeln. Dadurch kleben sie beim Stapeln nicht zusammen.

Die Teigblätter in 7 Stapel zu je 5 Stück aufteilen. Ich teile sie gern so auf, damit ich sie portionsweise verarbeiten kann. Nun die Stapel fest in Plastikfolie einwickeln und in einem luftdichten Behälter verstauen, der so groß ist, dass sie nicht geknickt werden. Dann kommen sie in den Kühl- oder den Gefrierschrank.

Im Kühlschrank können die Teigblätter bis zu 2 Tage, im Gefrierschrank bis zu 1 Monat aufbewahrt werden. Vor der Verwendung Zimmertemperatur annehmen lassen, dann vorsichtig voneinander trennen. Bitte beachten, dass beim Verarbeiten Wasser zum Verschließen benötigt wird, weil sie mit Stärke beschichtet sind.

Selbst gemachte gedämpfte Brötchen

Lass dir diese luftig-weichen Brötchen schmecken – mit einer Füllung deiner Wahl. Du kannst sie im Voraus zubereiten und einfrieren.

Für 12 Brötchen
Vorbereitung: 40 Minuten
Inaktive Gehzeit für den Teig: 60 Minuten
Kochzeit: 30 Minuten

Trockene Zutaten
275 g Weizenmehl plus etwas mehr zum Bestäuben
1 EL Maisstärke
¼ TL Salz

Hefegemisch
180 ml Sojamilch oder andere Milchalternative (ungesüßt oder gesüßt, funktioniert beides!)
1 EL Rohrzucker
1 TL Trockenhefe
1 EL neutrales Öl plus etwas mehr zum Bepinseln

Utensilien
Bambusdämpfer
Backpapier
Teigrolle

Teig zubereiten

Die trockenen Zutaten in einer großen Schüssel vermischen.

Hefegemisch zubereiten: Die Sojamilch in einer kleinen, mikrowellengeeigneten Schale oder einem Messbecher auf hoher Stufe 25–30 Sekunden in die Mikrowelle geben (Achtung: die Dauer kann je nach Mikrowellengerät variieren), bis die Milch ungefähr 42 °C hat. Sie sollte sich warm anfühlen, aber nicht so heiß, dass man sich verbrennt. Falls sie zu heiß ist, ein paar Minuten abkühlen lassen.

Zucker und Hefe mit der warmen Milch vermischen. 10–15 Minuten stehen lassen oder bis sich Schaum bildet. Wenn das Gemisch schaumig ist, das Öl einrühren.

In die Mitte der trockenen Zutaten eine Vertiefung drücken. Das Hefegemisch hineingießen und dabei mit einem Spatel oder o. Ä. verrühren. Weiterrühren, bis sich ein Teig gebildet hat. Ab jetzt kannst du entweder in der Schüssel weiterkneten, wenn sie groß genug ist (weniger Küchenchaos), oder auf einer leicht bemehlten Arbeitsfläche. 8–10 Minuten kneten bis der Teig geschmeidig ist.

Falls nötig, das Mehl von den Seiten der Schüssel kratzen. Noch 2–3 Minuten weiterkneten oder bis der Teig elastisch ist und nicht mehr an den Händen klebt. Durch das Kneten werden die Glutenverbindungen im Teig stärker. Den Teig zu einer Kugel formen und in die Mitte der Schüssel setzen. Mit einem sauberen, feuchten Tuch zudecken und an einem warmen Ort mindestens 1 Stunde gehen lassen oder bis sich sein Volumen verdoppelt hat.

Brötchen formen

Den Teig nach dem Gehen auf eine leicht bemehlte Fläche geben. In die Mittel der Kugel mit dem Daumen ein Loch drücken. Das Loch vergrößern und den Teig zu einem Ring drücken und ziehen, bis er schließlich einen Durchmesser von etwa 25 cm hat.

Den Teigring in insgesamt 12 Stücke zu je etwa 50 g schneiden.

Die Teigstücke wieder in die Schüssel legen und mit einem sauberen, feuchten Handtuch abdecken, damit sie nicht austrocknen, während die einzelnen Brötchen bearbeitet werden.

Den Bambusdämpfer vorbereiten und ausmessen, wie viele Brötchen hineinpassen. Ein Bambusdämpfer mit 20 cm Durchmesser eignet sich für 4 fertig geformte Brötchen. Immer nur so viele Brötchen vorbereiten, wie auf einmal in den Dämpfer passen. Den Bambusdämpfer mit Backpapier auslegen, damit die Brötchen nicht kleben bleiben.

Ein Teigstück zu einer Kugel rollen und auf einer bemehlten Fläche etwas flach drücken. Mit einer Teigrolle zu einem etwa 7,5 × 11,5 cm großen Oval ausrollen.

Den Teig dünn mit Öl bepinseln, dann in der Mitte falten. Die Brötchen in den Bambuskorb legen. Abdecken und weitere 15–20 Minuten gehen lassen.

Diesen Schritt mit dem restlichen Teig wiederholen, und zwar portionsweise, je nachdem, wie viele Brötchen in den Dämpfer passen.

Brötchen dämpfen

Einen großen Topf oder einen großen Wok auf hoher Stufe erhitzen. Darauf achten, dass der Topf so groß ist, dass der Bambusdämpfer hineinpasst. So viel Wasser hineingeben, dass es die Unterkante berührt und den Dämpfer streift. Das Wasser darf nicht bis an das Backpapier und die Brötchen reichen.

Den Dämpfer auf den Topf setzen. Wenn das Wasser kocht, die Hitze auf mittlere Stufe verringern. Die Brötchen 8–10 Minuten dämpfen, dann vom Herd nehmen. Den Dämpfer zugedeckt auf dem Topf lassen und erst nach weiteren 10 Minuten herunternehmen, damit die Brötchen nicht zu schnell abkühlen.

Die gedämpften Brötchen auf eine Platte oder einen Teller legen und mit einem trockenen Tuch abdecken, damit sie nicht sofort austrocknen.

Die nächsten Brötchen formen und im Bambuskorb gehen lassen. Die Schritte zum Dämpfen der nächsten Charge wiederholen. Mit dem restlichen Teig wiederholen.

Brötchen aufbewahren

Jedes Brötchen auf ein kleines Stück Backpapier setzen, damit es nicht kleben bleibt, und die Brötchen in einen gefriergeeigneten Behälter füllen.

Die Brötchen einfrieren und bei Bedarf erwärmen, indem man sie ohne Auftauen 12 Minuten dämpft oder bis sie durcherhitzt sind.

Teigtaschen falten und aufbewahren

Beim ersten Versuch kann das Falten der Teigtaschen ganz schön knifflig sein, deswegen fängst du am besten mit der einfachsten Methode an: Teigblätter ohne jegliches Falten komplett verschließen. Ich finde, die Teigtaschen lassen sich mit selbst gemachten Teigblättern am besten verarbeiten, denn diese sind viel weicher und elastischer als die fertig gekauften. Wenn du also fertig gekaufte Tiefkühl-Teigblätter verwendest, achte darauf, dass sie bei Zimmertemperatur auftauen und stell eine Schale mit Wasser bereit, um die Finger zum Verschließen der Ränder zu benetzen.

Ein Tipp zum Schluss: Gib ganz am Anfang nur wenig Füllung in die Teigtaschen, dann kannst du sie besser verschließen. Wenn du Übung bekommst und dich an die Arbeitsgänge gewöhnt hast, kannst du die Füllmenge erhöhen.

WICHTIG!

Die Teigblätter immer mit einem feuchten Tuch abdecken, damit sie nicht sofort austrocknen, ebenso die fertigen Teigtaschen.

TEIGTASCHEN EINFRIEREN

Die fertigen Teigtaschen mit Abstand in eine gefriergeeignete Schale legen und 5–6 Stunden gefrieren oder bis sie hart sind. Dann in Gefrierbeutel oder Gefrierbehälter geben.

Gefrorene Teigtaschen vor dem Kochen nicht auftauen, sondern direkt zubereiten – so werden sie nicht matschig und zerfallen nicht.

FÜR POTSTICKER

Eine Pfanne mit etwas Öl erhitzen und die gefrorenen Teigtaschen hineinsetzen. Wenn sich eine braune Kruste gebildet hat, zum Dämpfen das Wasser hinzugeben und den Deckel auflegen.

DÄMPFEN

Den Wok zum Dämpfen vorbereiten. Wenn das Wasser kocht, die Teigtaschen in den mit Backpapier ausgelegten Bambusdämpfer legen und 10–12 Minuten dämpfen oder bis die Teigblätter etwas glasig sind.

Teigtaschen falten

1. Ein Teigblatt auf die Handfläche legen. Bei gekauften Teigblättern, eine Schale Wasser bereitstellen und die Ränder des Teigblatts benetzen.

2. Etwas Füllung zu einer Kugel formen – falls nötig, zusammendrücken – und in die Mitte des Teigblatts geben.

3. Vorsichtig oberen und unteren Rand des Teigblatts zusammenführen, dabei die Füllung mit dem Finger nach innen schieben. Nun das Teigblatt behutsam oben mit den Fingern festhalten und beide Enden zusammenpressen.

4. Auf der Vorderseite der Teigtasche beginnend, fast mittig, eine zur Mitte weisende Falte legen. Die Falte flach drücken.

5. Die nächste Falte wiederum zur Mitte legen und zusammendrücken. Wiederholen, bis die Teigtasche auf dieser Seite bis zum Rand in Falten gelegt ist.

6. Am Rand der Teigtasche angekommen, die Spitzen zurechtdrücken, damit die Mondsichelform entsteht.

7. Diesen Vorgang auf der Rückseite der Teigtasche wiederholen. In der Mitte beginnend die Falten jeweils so legen, dass sie zur Mitte weisen.

8. Die Falten flach drücken, damit die Seiten auch sicher fest geschlossen sind. Mit den restlichen Teigblättern und der restlichen Füllung wiederholen.

Wantans falten

1. Eine kleine Schüssel mit Wasser bereitstellen. Die Teigblätter vorsichtig voneinander trennen. Idealerweise haben die Teigblätter Zimmertemperatur, denn dann sind sie gut formbar und reißen nicht so schnell. Ein Teigblatt mit einer Spitze nach unten auf die Arbeitsfläche legen. Finger befeuchten und an den Rändern entlangfahren.

2. In die Mitte des Teigblatts 1 ½ TL Füllung geben und zu einer kleinen Kugel zusammendrücken. Achtung: Die Menge der Füllung richtet sich nach der Größe des Teigblatts und der Art, wie das Wantan gefaltet wird.

3. Die untere Spitze des Teigblatts aufnehmen.

4. Diese Spitze festhalten und das Teigblatt diagonal zu einem Dreieck falten. Fest verschließen und seitlich von der Füllung eventuelle Luftpölsterchen hinausdrücken.

5. Das Dreieck um 180 Grad drehen.

6. Die Mitte vorsichtig eindrücken. Eine untere Ecke des Dreiecks mit etwas Wasser benetzen.

7. Die beiden unteren Enden vorsichtig zusammenfügen, zusammenpressen und fest verbinden.

8. Die fertig geformten und gefalteten Wantans auf einem Tablett mit einem feuchten Tuch zudecken, damit sie nicht austrocknen. Mit den restlichen Teigblättern und der restlichen Füllung wiederholen.

Aromatische Reis-Bowls und pfannengerührte Nudelgerichte

Dieses Kapitel enthält einige meiner liebsten Reis- und Nudelgerichte, die mich an meine Reisen und Erfahrungen als Kind und Jugendliche erinnern. Für die veganen Varianten habe ich bestimmte Proteine ersetzt und einfache, selbst gemachte Soßenalternativen entwickelt.

Du kannst das Pad Thai (S. 48) aus den quirligen Straßen Bangkoks genießen: Reisnudeln umhüllt von einer köstlichen und selbst gemachten süß-herzhaften Soße, schön knackig mit gerösteten Erdnüssen, säuerlich durch die Limette – und Chili gibt den extrafeurigen Kick. Koste ein einfaches Nasi Goreng (S. 40) von einem Warung am Straßenrand auf Bali: Bratreis in einer süßen, sirupartigen Sojasoße (Kecap Manis) gekocht und voller nährstoffreicher Gemüse – eine wirklich sättigende Mahlzeit. Oder mische dir eine Bowl mit scharfen Dan-Dan-Nudeln (S. 56), einen leckeren und gerade zu betäubend scharfen Szechuan-Nudelklassiker in einer üppigen und duftenden Soße. Du wirst bestimmt einen Nachschlag haben wollen!

Wenn du deine Geschmacksknospen mit Reis oder Nudeln (oder mit beidem!) verwöhnen möchtest, bietet dir dieses Kapitel aromatische Rezepte. Sie sind leicht umzusetzen und als vollständige Mahlzeiten oder auch mit Gemüse und Tofu zu genießen.

Thailändischer Ananas-Bratreis

Ananas-Bratreis ist unvergleichlich. Wie gut die süßen, saftigen Ananasstücke zu der pikanten Soße passen! In diesem Gericht sorgen auch Cashewkerne für diesen extraknackigen Biss und die Textur, mit einem Hauch Chilischärfe. Genieße diesen köstlichen Bratreis pur oder zusammen mit deinem Lieblings-Barbecue.

Für 3 Portionen
Vorbereitung: 10 Minuten
Kochzeit: 20 Minuten

500 g Reis, gekocht und abgekühlt (am besten ein Rest)
400 g extrafester Tofu
3 EL neutrales Öl
½ TL Salz plus etwas mehr zum Abschmecken (falls nötig)
1 kleine Zwiebel, gewürfelt
75 g rote Paprikaschote, ohne Kerne und gewürfelt
2 EL Sojasoße
2 TL Kokoszucker oder Menge nach Belieben
2 TL Currypulver
½ TL Chilipulver oder 1 Bird's-Eye-Chilischote, in Ringe geschnitten (optional)
¼ TL weißer Pfeffer aus der Mühle oder Menge nach Belieben
165 g Ananas, frisch oder aus der Dose, in ca. 1,5 cm große Würfel geschnitten
45 g geröstete Cashewkerne
30 g Frühlingszwiebeln, in Ringe geschnitten, plus etwas mehr zum Garnieren
90 g Tomaten, ohne Kerne, gewürfelt

Den Reis in eine große Schüssel geben und mit einem Löffel vorsichtig die Körner voneinander trennen. Beiseitestellen. Wird frisch gekochter Reis verwendet, diesen 10 Minuten abkühlen lassen, damit die Feuchtigkeit verdampft.

Den Tofu mindestens 10 Minuten auspressen, damit die überschüssige Flüssigkeit abläuft (weitere Details siehe S. 13), danach in ca. 1,5 cm große Würfel schneiden.

Eine große Pfanne oder einen Wok auf mittlerer bis hoher Stufe erhitzen, dann das Öl hineingeben und erhitzen. Die Tofuwürfel hineingeben, mit ¼ TL Salz bestreuen und gründlich vermischen. Die Tofuwürfel in der Pfanne braten und ungefähr alle 2 Minuten wenden, bis sie auf allen Seiten goldbraun und knusprig sind (rund 10 Minuten insgesamt). Den Tofu in der Pfanne auf die Seite schieben. Zwiebeln und Paprika hinzugeben. 2 Minuten unter Rühren anbraten oder bis die Paprikawürfel weich sind. Den Reis hinzugeben und mit Sojasoße, Kokoszucker, Currypulver sowie Chilipulver oder frischem Chili würzen. Gut durchmischen und mit dem restlichen ¼ TL Salz sowie dem weißen Pfeffer abschmecken.

Ananas hinzugeben und die Hitze auf hohe Stufe stellen. Das Gemisch gründlich umrühren und 2–3 Minuten kochen; gelegentlich umrühren, damit der Reis nicht am Pfannenboden kleben bleibt. Cashewkerne, Frühlingszwiebeln und Tomaten hinzugeben. Gründlich vermengen und weitere 2 Minuten kochen. Falls nötig, nach Belieben nachwürzen. Vom Herd nehmen und den Reis in Schalen oder Ananashälften servieren. Falls gewünscht, mit Frühlingszwiebelringen garnieren. Heiß genießen!

Shiitake-Teriyaki mit Bratreis

Zu diesem Rezept hat mich mein Favorit unter den japanischen Yakimeshi- oder Bratreis-Gerichten inspiriert: ein kurzkörniger Reis, mit frischen Shiitakepilzen und selbst gemachter Teriyakisoße gekocht. Ich verwende unheimlich gern kurzkörnigen Reis, weil er mehr Stärke enthält und stärker klebt. Dieser Bratreis schmeckt sehr umami und besitzt durch die Soße eine köstliche süße Note.

Für 2 Portionen
Vorbereitung: 10 Minuten
Kochzeit: 15 Minuten

500 g kurzkörniger Reis, gekocht und abgekühlt (am besten ein Rest)
115 g frische Shiitakepilze
2 EL neutrales Öl
3 Frühlingszwiebeln, in dünne Ringe geschnitten
1 TL frischer Ingwer, gehackt
2 Knoblauchzehen, gehackt
1 kleine Karotte, geschält und fein gewürfelt
1 kleine rote Paprikaschote, ohne Kerne, gewürfelt
½ TL Salz plus etwas mehr zum Abschmecken
3–4 EL Teriyakisoße (Rezept zum Selbstmachen auf S. 162) plus etwas mehr zum Abschmecken
¼ TL weißer Pfeffer aus der Mühle
1 TL dunkle Sojasoße (optional, wegen der Farbe)
Frühlingszwiebeln, in Ringe geschnitten, zum Garnieren (optional)
gerösteter Sesam zum Garnieren (optional)

Den Reis in eine große Schüssel geben und mit einem Löffel vorsichtig die Körner voneinander trennen. Beiseitestellen. Wird frisch gekochter Reis verwendet, diesen 10 Minuten abkühlen lassen, damit die Feuchtigkeit verdampft.

Hüte und Stiele der Shiitakepilze voneinander trennen. Bei großen Pilzen die holzigen Stiele entsorgen. Hüte und Stiele fein in 6 mm große Stücke schneiden. Beiseitestellen.

Eine große Pfanne oder einen Wok auf hoher Stufe erhitzen. Öl hineingeben und erhitzen. Frühlingszwiebeln, Ingwer und Knoblauch hinzufügen und unter Rühren 1 Minute anbraten oder bis es aromatisch duftet. Karotten- und Paprikawürfel hinzugeben. Salz darüberstreuen und einen Spritzer Wasser hinzugeben, um die Karotten zu garen. Die Hitze auf mittlere bis hohe Stufe verringern und 3 Minuten kochen oder bis das Gemüse weich ist. Die Hitze auf hohe Stufe stellen und die Pilze hinzugeben. Die Pilze 2 Minuten lang nicht bewegen, damit sie auf der Unterseite etwas braun werden, dann wenden und auch die andere Seite leicht bräunen.

Den Reis in die Pfanne geben und 2 Minuten braten. Die Teriyakisoße hinzugießen und den weißen Pfeffer einstreuen. Die Hitze auf mittlere bis hohe Stufe reduzieren und den Reis gründlich vermengen, damit er gleichmäßig mit Soße überzogen ist. 2–3 weitere Minuten braten. Die dunkle Sojasoße einrühren (falls verwendet). Kosten und falls gewünscht mit Salz oder Teriyakisoße abschmecken. Vom Herd nehmen.

Den Reis in Schalen füllen und fest hineindrücken. Dann die Schalen auf Teller stürzen, sodass ein rundlicher »Reishügel« entsteht. Den Reis nach Belieben mit Frühlingszwiebeln und geröstetem Sesam garnieren. Am besten heiß genießen.

Indonesischer Bratreis (Nasi Goreng)

Hier musst du nur eine einzige Pfanne abwaschen und du genießt eine wohlschmeckende Mischung aus süß, scharf und herzhaft. »Nasi Goreng« ist ein indonesisches Gericht. Der Name bedeutet wörtlich übersetzt »Bratreis«. Das Geheimnis bei diesem Gericht ist die Kecap Manis, eine süße, sirupartige und dunkle Sojasoße, von der dieser Bratreis seine charakteristische Farbe hat und die ihn beim Braten karamellisiert.

Für 2 Portionen
Vorbereitung: 10 Minuten
Kochzeit: 25 Minuten

Bratreis

500 g Reis, gekocht und abgekühlt (am besten ein Rest)
200 g extrafester Tofu oder ein anderes veganes Protein
2 EL neutrales Öl
1 kleine Zwiebel, gewürfelt
4 Knoblauchzehen, gehackt
2 Bird's-Eye-Chilischoten, in Streifen geschnitten (Menge nach Geschmack anpassen)
35 g Tiefkühlerbsen
40 g Karotte, gewürfelt
1 kleine rote Paprikaschote, gewürfelt
3 EL süße Sojasoße (Kecap Manis, Rezept zum Selbstmachen auf S. 163)
Salz sowie schwarzer Pfeffer aus der Mühle

Zum Servieren

Tomaten, in Scheiben geschnitten
Gurken, in Scheiben geschnitten
Frühlingszwiebeln, in Ringe geschnitten (optional)

Den Reis in eine große Schüssel geben und mit einem Löffel vorsichtig die Körner voneinander trennen. Das geht am einfachsten, wenn der Reis vor Kochbeginn abgekühlt ist. Wird frisch gekochter Reis verwendet, diesen 10 Minuten abkühlen lassen, damit die Feuchtigkeit verdampft.

Den Tofu mindestens 10 Minuten auspressen, damit die überschüssige Flüssigkeit abläuft (weitere Details siehe S. 13). Danach den Tofu in ca. 1,5 cm große Würfel schneiden.

Eine große antihaftbeschichtete Pfanne auf mittlerer bis hoher Stufe erhitzen, dann das Öl hineingeben. Die Tofuwürfel anbraten und dabei alle 2 Minuten wenden, bis sie auf allen Seiten goldbraun und knusprig sind (insgesamt etwa 10 Minuten).

Die Zwiebeln hinzugeben und unter Rühren in ungefähr 3 Minuten glasig anbraten. Knoblauch und Chilistreifen hinzugeben. 2 Minuten braten oder bis der Knoblauch leicht gebräunt ist.

Erbsen, Karotten- und Paprikawürfel hinzugeben. Unter Rühren braten, bis das Gemüse gar ist (ungefähr 5 Minuten).

Den Reis hinzugeben. Süße Sojasoße dazugießen, gründlich vermengen. Den Reis mit Salz und Pfeffer abschmecken. Weitere 2–3 Minuten braten. Vom Herd nehmen.

Mit Tomaten- und Gurkenscheiben anrichten und falls gewünscht mit Frühlingszwiebeln bestreuen.

Anmerkung: Kala Namak (Schwarzsalz) steuert aufgrund seines Schwefelgehalts ein ganz bestimmtes Aroma bei, das dem von Eiern ähnelt. Es wird in vielen veganen Rezepten verwendet, um den Eigenschmack nachzuahmen. Selbstverständlich kannst du auch gewöhnliches Meersalz in den Rezepten verwenden, in denen Kala Namak verlangt wird.

Bratreis »Yang Chow«

Dieses Gericht steht bei Familientreffen und Feiern in chinesischen Restaurants immer auf dem Tisch. Es ist ein einfacher und dennoch leckerer Bratreis, der normalerweise mit Ei zubereitet wird. In dieser veganen Version habe ich die Textur mit Tofu nachgeahmt. Der Reis wird mit einer Mischung aus Schwarzsalz (Kala Namak) und weißem Pfeffer gewürzt, so entsteht die goldgelbe Farbe.

Für 3 Portionen
Vorbereitung: 10 Minuten
Kochzeit: 25 Minuten

600 g weißer Reis, gekocht und abgekühlt (am besten ein Rest)

Tofu

225 g extrafester Tofu
3 EL neutrales Öl
1 EL Rohrzucker
1 EL Sojasoße

Gemüse

65 g Karotte, gewürfelt
65 g grüne Erbsen
1 kleine rote Paprikaschote, ohne Kerne, gewürfelt
¾ TL gemahlene Kurkuma
1 Prise Schwarzsalz (Kala Namak) oder Meersalz (siehe Anmerkung)
3 Knoblauchzehen, gehackt
¾ TL Salz oder Menge nach Geschmack
¼ TL weißer Pfeffer
Frühlingszwiebeln, in Ringe geschnitten, zum Garnieren

Den Reis in eine große Schüssel geben und mit einem Löffel vorsichtig die Körner voneinander trennen. Das geht am einfachsten, wenn der Reis vor Kochbeginn abgekühlt ist. Wird frisch gekochter Reis verwendet, diesen 10 Minuten abkühlen lassen, damit die Feuchtigkeit verdampft.

Tofu vorbereiten: Den Tofu mindestens 10 Minuten auspressen, damit die überschüssige Flüssigkeit abtropft (weitere Details siehe S. 13). Danach ⅓ des Tofus in ca. 1,5 cm große Würfel schneiden. Den übrigen Tofu in eine kleine Schüssel geben und mit einer Gabel oder mit den Händen zerdrücken. Beiseitestellen.

Eine große Pfanne oder einen Wok auf mittlerer bis hoher Stufe erhitzen. 1 EL Öl hineingeben. Wenn es heiß ist, die Tofuwürfel hineingeben und anbraten, dabei die Würfel alle 2 Minuten wenden, bis sie auf allen Seiten goldbraun und knusprig sind (insgesamt etwa 10 Minuten). Unterdessen in einer kleinen Schüssel Zucker und Sojasoße mischen. Das Gemisch zu den Tofuwürfeln geben und etwa 2 Minuten kochen lassen, bis der Zucker karamellisiert. Alles vermengen, sodass der Tofu gut überzogen ist. Tofuwürfel in eine kleine Schüssel geben und beiseitestellen.

Das Gemüse zubereiten: Karotten, grüne Erbsen und Paprikawürfel auf mittlerer bis hoher Stufe in dieselbe Pfanne geben. Unter Rühren 5 Minuten braten. Aus der Pfanne nehmen und ebenfalls beiseitestellen.

Wiederum 1 EL Öl in die Pfanne geben. Auf mittlerer bis hoher Stufe den zerdrückten Tofu hineingeben. Mit Kurkuma und Schwarzsalz würzen. Gut vermischen, bis der Tofu gelb wird und wie Rührei aussieht. Tofu in der Pfanne auf die Seite schieben.

Erneut 1 EL Öl in die Pfanne geben. Knoblauch bei mittlerer bis hoher Stufe 1 Minute unter anbraten oder bis er goldbraun ist. Hitze auf höhere Stufe stellen und den Reis in die Pfanne geben. Nun das Tofu-Rührei unter den Reis mischen. Tofuwürfel und gebratenes Gemüse dazugeben. Den Bratreis mit Salz und weißem Pfeffer würzen, dann alles vermengen. Weitere 2–3 Minuten braten, danach vom Herd nehmen. Falls gewünscht, mit Frühlingszwiebelringen garnieren. Den Bratreis heiß genießen.

Reis-Bowl mit Auberginen nach Unagi-Art

Hier nehmen die Auberginen den Platz von Unagi ein. Dieses japanische Wort bedeutet Süßwasseraal. Die traditionelle Art der Zubereitung nennt man Kabayaki: Der Fisch wird halbiert, entgrätet, in eine auf süßer Sojasoße basierende Soße getunkt und gegrillt. Diese Auberginen im Unagi-Stil werden in einer üppigen, herzhaften und umami schmeckenden Soße gegart, bis sie all die köstlichen Aromen aufgenommen haben! Ich mag sie gern auf gedämpftem kurzkörnigem Reis und abgerundet mit Sesam, Frühlingszwiebeln und japanischer Sieben-Gewürze-Mischung (Togarashi). Eine wirklich sättigende und sehr aromatische Speise.

Für 6 Auberginenhälften
bzw. 3 Bowls
Vorbereitung: 10 Minuten
Kochzeit: 20 Minuten

Auberginen
3 mittelgroße chinesische Auberginen (etwa 450 g)

Unagi-Soße
60 ml Sojasoße
2 EL Mirin
2 EL Sake oder Reiswein
55 g Rohrzucker oder Menge nach Geschmack
½ TL frischer Ingwer, gerieben

Zum Servieren
550 g kurzkörniger Reis, gedämpft
Sesam
japanische Sieben-Gewürze-Mischung (Togarashi)
Frühlingszwiebeln, gehackt

Auberginen vorbereiten: Jede Aubergine mit einer Gabel 8–10 Mal ringsherum einstechen. Die Auberginen in eine mikrowellengeeignete Schüssel geben, etwas Wasser darüberspritzen und einen mikrowellengeeigneten Deckel auflegen. Auf hoher Stufe etwa 4 Minuten in die Mikrowelle geben, bis die Auberginen weich, runzelig und gar sind.

Währenddessen die Soße zubereiten: Einen großen Topf auf niedriger Stufe erwärmen und die Soßenzutaten miteinander vermischen. Hitze auf mittlere Stufe erhöhen und unter ständigem Rühren 5 Minuten köcheln lassen oder bis der Zucker sich aufgelöst hat. Sobald die Soße etwas eindickt, die Hitze reduzieren. Nun nach Belieben nachwürzen.

Die gegarten Auberginen halbieren und Stielansätze entfernen. Die Auberginenhälften vorsichtig aufspreizen und mit der Schale nach unten in den Topf legen. Mit der Soße begießen und bei mittlerer Hitze 4–5 Minuten kochen, bis die Auberginen die Soße aufnehmen.

Vom Herd nehmen und die Auberginen auf gedämpftem kurzkörnigem Reis servieren. Mit Sesam, japanischer Sieben-Gewürze-Mischung und Frühlingszwiebeln garnieren. Heiß genießen.

Japanische Yakisoba

Die japanischen Bratnudeln »Yakisoba« mit einer herzhaften und leicht säuerlichen Soße gehören zu den Nudelgerichten, die du am einfachsten zusammenzauberst. Was für Gemüse du verwendest, bleibt völlig dir überlassen – perfekt, um Reste aufzubrauchen.

Für 2 Portionen
Vorbereitung: 10 Minuten
Kochzeit: 15 Minuten

Soße

1 ½ EL Sojasoße
2 TL Reisessig
2 EL Tomatenketchup
2 TL Rohrzucker oder nach Belieben
2 EL vegane Austernsoße (Rezept zum Selbstmachen auf S. 158) oder Woksoße
⅛ TL schwarzer Pfeffer aus der Mühle

Yakisoba

285 g gekochte Yakisoba oder frische Ramen-Nudeln
2 EL neutrales Öl
1 Frühlingszwiebel, klein geschnitten, plus 1 zum Garnieren (optional)
1 kleine weiße Zwiebel, in Ringe geschnitten
1 kleine Karotte, gestiftelt
8 Kohlblätter, klein geschnitten
1 kleine Paprikaschote, ohne Kerne, in Streifen geschnitten
6 frische Shiitakepilze
1 Prise Salz oder Menge nach Geschmack
japanische Sieben-Gewürze-Mischung (Togarashi) zum Garnieren

Soße zubereiten: In einer kleinen Schüssel alle Soßenzutaten miteinander mischen. Je nach erwünschtem Geschmack die Mengen anpassen. Beiseitestellen.

Yakisoba zubereiten: Werden vorgekochte Yakisoba aus der Packung verarbeitet, diese unter fließendem warmem Wasser trennen oder Packungsanweisungen befolgen. Die Nudeln vorsichtig trennen und überschüssiges Wasser abtropfen lassen.

Eine große Pfanne oder einen Wok auf mittlerer bis hoher Stufe erhitzen, das Öl hineingeben und heiß werden lassen. Frühlingszwiebeln und weiße Zwiebeln hineingeben. 2 Minuten unter Rühren anbraten oder bis es aromatisch duftet. Karotten, klein geschnittenen Kohl, Paprikastreifen, Pilze und eine Prise Salz hinzufügen. Die Hitze auf hohe Stufe stellen und das Gemüse braten, bis es außen knackigen Biss hat, innen aber weich ist (3–4 Minuten). Die vorbereiteten Nudeln hineingeben und die Soße zugießen. Alles gut miteinander vermischen und 2–3 weitere Minuten braten, bis die Nudeln die Soße aufgenommen haben. Abschmecken und, falls nötig, nachwürzen.

Vom Herd nehmen und die Nudeln in eine Schüssel oder auf eine Platte geben. Yakisoba nach Belieben mit Frühlingszwiebeln und japanischer Sieben-Gewürze-Mischung garnieren. Am besten heiß genießen.

Pad Thai

Ich bin ein absoluter Fan von Pad Thai und wenn ich es zu Hause koche, denke ich immer an meine Reisen nach Thailand zurück. Ich habe für dieses Rezept meine eigene vegane süß-herzhafte Fischsoße kreiert (S. 163), mit der ich die Nudeln überziehe. Wegen der Proteinzufuhr habe ich dieses Gericht mit Tofu gekocht, die knackige Note kommt von Bohnensprossen und Erdnüssen, die säuerliche Note von der Limette und der Kick Extraschärfe vom Chilipulver!

Für 3 Portionen
Vorbereitung: 15 Minuten
Kochzeit: 25 Minuten

Soße

55 g Kokoszucker oder Palmzucker
60 ml vegane Fischsoße (Rezept zum Selbstmachen auf S. 163), oder gekaufte Fischsoße nach Geschmack (siehe Anmerkungen)
1–2 EL Sojasoße plus etwas mehr zum Abschmecken (siehe Anmerkungen)
1 EL Limettensaft, frisch gepresst
2 EL Tamarindenpüree (siehe Anmerkungen)

Nudeln und Gemüse

200 g extrafester Blocktofu
225 g Reisnudeln, getrocknet, mindestens 3 mm dick
3 EL neutrales Öl
1 kleine rote oder weiße Zwiebel, in Ringe geschnitten
2 Knoblauchzehen, gehackt
150 g Bohnensprossen, frisch, plus etwas mehr zum Servieren
1 Frühlingszwiebel, in 5 cm lange Streifen geschnitten

Zum Servieren

Limettensaft, frisch gepresst
½–1 EL Chilipulver oder Chiliflocken (optional)
1 Handvoll Frühlingszwiebel- oder Schnittlauchringe
2 EL geröstete Erdnüsse, gehackt

Soße zubereiten: In einer kleinen Schüssel alle Soßenzutaten miteinander mischen. Je nach erwünschtem Geschmack die Mengen anpassen. Beiseitestellen.

Nudeln und Gemüse vorbereiten: Den Tofu mindestens 10 Minuten auspressen, damit die überschüssige Flüssigkeit abtropft (weitere Details siehe S. 13). Dann den Tofu in ungefähr 1,5 cm große Würfel schneiden.

Die Reisnudeln in eine große, feuerfeste Schale geben. So viel kochendes Wasser aufgießen, dass die Nudeln vollständig bedeckt sind. Circa 6–7 Minuten einweichen lassen, bis sie weiß (nicht mehr glasig), biegsam und noch sehr bissfest sind. Abgießen und beiseitestellen.

Eine große Pfanne oder einen Wok auf mittlerer bis hoher Stufe erhitzen und das Öl hineingeben. Wenn das Öl heiß ist, die Tofuwürfel hineingeben und anbraten, dabei die Würfel alle 2 Minuten wenden, bis sie von allen Seiten goldbraun und knusprig sind (insgesamt etwa 10 Minuten).

Den Tofu in der Pfanne auf die Seite schieben, Zwiebeln und Knoblauch hineingeben und unter Rühren ungefähr 1 Minute anbraten. Reisnudeln dazugeben und die Soße hineingießen.

Gründlich vermengen, dann 4–5 Minuten braten, bis die Nudeln zwar gar, aber immer noch etwas bissfest sind. Die Hitze auf mittlere Stufe reduzieren, dann Bohnensprossen und Frühlingszwiebeln daruntermischen. Die Nudeln kosten und nach Belieben mit Sojasoße oder veganer Fischsoße nachwürzen. Weitere 2 Minuten braten; vom Herd nehmen, sobald die Bohnensprossen weich sind.

Die Nudeln in 2 Schalen servieren und nach Belieben je einen großzügigen Spritzer Limettensaft, Chilipulver oder Chiliflocken, Frühlingszwiebeln oder Schnittlauch, Erdnüsse und Bohnensprossen darübergeben. Vermengen und das Pad Thai heiß genießen.

Anmerkungen: Wird gekaufte vegane Fischsoße verwendet, zunächst mit 1 EL beginnen – oder Sojasoße nehmen –, denn sie ist mitunter sehr viel salziger! Tamarindenpüree kann durch eine Mischung aus 2 EL frisch gepresstem Limettensaft und 2 EL Kokoszucker oder Palmzucker ersetzt werden.

Anmerkung: Die Sojaschnetzel kannst du durch 45 g gewürfelte Shiitakepilze ersetzen.

Auberginen-Nudeln »Yuxiang«

Die Nudel-Bowls werden mit Auberginen belegt, die in einer fleischigen, duftenden und scharfen Soße gekocht werden! Die dicke, üppige Soße umhüllt die Nudeln. Vermenge alles, wenn es noch heiß ist, und serviere die Bowls sofort.

Für 2 Portionen
Vorbereitung: 15 Minuten
Kochzeit: 20 Minuten

Auberginen
3 mittelgroße chinesische Auberginen (ungefähr 340 g)
1 TL grobes Salz zum Einweichen

Soße
1 EL Sojasoße
1 EL Chinkiang-Essig (chinesischer schwarzer Essig)
1 EL Shaoxing-Wein oder trockener Sherry
1 EL Maisstärke
2 EL Rohrzucker oder Menge nach Geschmack
120 ml Gemüsebrühe oder Wasser, zimmerwarm

Nudeln
25 g texturiertes Pflanzenprotein, trocken (TVP oder Sojaschnetzel, siehe Anmerkung)
140 g Weizennudeln nach Wahl, trocken
2 EL neutrales Öl

Zum Pfannenrühren
3 EL neutrales Öl
1 kleine Zwiebel, gewürfelt
3 Knoblauchzehen, gehackt
1 ½ TL frischer Ingwer, gehackt
1 kleine rote Paprikaschote, ohne Kerne, gewürfelt
2 EL Chili-Bohnen-Paste (Doubanjiang)
¼–½ TL Salz oder Menge nach Geschmack
Frühlingszwiebeln, gehackt, zum Garnieren (optional)

Auberginen vorbereiten: Die Auberginen in 7,5 cm lange und 2,5 cm dicke Stücke schneiden. In eine große Schüssel geben. Mit dem groben Salz bestreuen, dann so viel Wasser (zimmerwarm) aufgießen, dass sie bedeckt sind. Die Auberginen mindestens 10 Minuten im Salzwasser lassen.

Soße vorbereiten: In einer kleinen Schüssel alle Soßenzutaten miteinander vermischen, bis sich die Maisstärke aufgelöst hat. Beiseitestellen.

Nudeln vorbereiten: Sojaschnetzel über einer Schüssel in ein Sieb geben. So viel kochendes Wasser darübergießen, dass sie bedeckt sind. Mindestens 5 Minuten einweichen lassen bzw. so lange, bis sie wieder rehydriert sind.

In der Zwischenzeit Wasser in einem mittelgroßen Topf auf hoher Stufe zum Kochen bringen. Die Nudeln hineingeben und kochen, bis sie noch etwas bissfest sind; etwa 1–2 Minuten kürzer als auf der Packung angegeben. Die Nudeln herausnehmen und unter fließendem Wasser abspülen, auf 2 Bowls aufteilen, jeweils mit der Hälfte des Öls besprenkeln und vermengen. So kleben die Nudeln nicht aneinander. Die Bowls beiseitestellen.

Gemüse pfannenrühren: Eine große Pfanne oder einen Wok auf mittlerer bis hoher Stufe erhitzen. Öl hineingeben. Sobald das Öl heiß ist, Zwiebeln, Knoblauch und Ingwer 1–2 Minuten unter Rühren anbraten, bis es aromatisch duftet. Paprikawürfel und Chili-Bohnen-Paste dazugeben. Die Hitze auf hohe Stufe stellen und ca. 2 Minuten kochen, bis die Paprikastücke weich sind.

Die Auberginenstücke abgießen und abtropfen lassen, dann mit den Paprikawürfeln in die Pfanne geben. Auf mittlerer bis hoher Stufe in ungefähr 6 Minuten weich kochen. In der Zwischenzeit die Soße erneut umrühren, damit die Stärke sich nicht am Boden der Schale absetzt. Die Hitze auf mittlere Stufe verringern, dann das Soßengemisch eingießen und zugleich mit einem Spatel umrühren. Mit Salz würzen; die Menge nach Geschmack anpassen, falls gewünscht. Die Hitze auf mittlere bis hohe Stufe erhöhen und köcheln lassen, bis die Soße eindickt (etwa 2 Minuten). Vom Herd nehmen und die Soße sofort auf die beiden Nudel-Bowls aufteilen. Soße und Nudeln vermengen. Nach Belieben mit Frühlingszwiebeln garnieren. Heiß servieren, wenn die Soße noch sämig ist.

Nudeln in Sojasoße

Halte Bowls und Essstäbchen bereit! Diese in einer reichhaltigen, sojabasierten Soße gegarten Nudeln schmecken superaromatisch und erdig. Mit mehr Gemüse oder sogar einem Protein deiner Wahl hast du eine vollständige Mahlzeit für ein gemeinsames Essen. Aber du kannst auch deine Lieblingsbeilagen aus Tofu und Gemüse dazu genießen.

Für 4 Portionen
Vorbereitung: 15 Minuten
Kochzeit: 20 Minuten

- 30 g Shiitakepilze, getrocknet (7 oder 8 Stück)
- 180 g Weizen- oder Lomein-Nudeln, trocken
- 3 EL neutrales Öl
- 1 mittelgroße Zwiebel, in Ringe geschnitten
- 3 Knoblauchzehen, gehackt
- 215 g Weißkohl, zerkleinert
- 1 EL Shaoxing-Wein oder trockener Sherry
- 480 ml Pilzwasser (vom Einweichen der Shiitakepilze) oder Gemüsebrühe
- 1 ½ EL dunkle Sojasoße
- 2 EL Sojasoße oder nach Belieben
- 1 EL dunkelbrauner Zucker
- ⅛ TL weißer Pfeffer aus der Mühle
- 1 EL Maisstärke
- 2 EL Wasser, zimmerwarm
- 1 Handvoll frischer Schnittlauch, in Streifen geschnitten

Die getrockneten Pilze in einer Schüssel mit 480 ml kochendem Wasser übergießen und 10–15 Minuten einweichen bzw. so lange, bis sie rehydriert sind. Pilze aus dem Wasser nehmen und das gesamte Wasser aufheben. Die Pilze in etwa 1,5 cm dicke Stücke schneiden.

In einem mittelgroßen Topf Wasser auf hoher Stufe zum Kochen bringen. Wenn es kocht, die Hitze auf mittlere bis hohe Stufe reduzieren und die Nudeln hineingeben. Die Nudeln sehr bissfest kochen (2 Minuten kürzer als auf der Packung angegeben), dann abgießen. Sie werden später in der Soße weitergaren.

In der Zwischenzeit eine große Pfanne oder einen Wok auf mittlerer bis hoher Stufe erhitzen. Öl hineingeben. Wenn es heiß ist, Zwiebeln und Knoblauch 1 Minute unter Rühren anbraten. Pilze und Weißkohl hinzugeben und 2 Minuten nicht bewegen, bis beides leicht gebräunt ist; erst dann vermengen und die andere Seite ebenfalls leicht bräunen lassen. Die Hitze auf hohe Stufe stellen und den Wein hinzugeben. Gründlich mit dem Weißkohl und den Pilzen vermengen, bis der Wein verdampft.

Pilzwasser oder Gemüsebrühe, dunkle Sojasoße, 1 EL der Sojasoße sowie Zucker und Pfeffer hinzugeben. Die Soße gründlich umrühren und bei mittlerer bis hoher Stufe in 3–4 Minuten zum Kochen bringen. Dann die Nudeln hinzugeben und 2 Minuten köcheln lassen.

Unterdessen in einer kleinen Schüssel Maisstärke und Wasser zu einem dünnflüssigen Brei verrühren und diesen unter ständigem Rühren in die Nudeln gießen. Wenn die Soße sämig und von den Nudeln aufgesogen ist, Pfanne oder Wok vom Herd nehmen. Kosten und, falls gewünscht, mit bis zu 1 EL der restlichen Sojasoße abschmecken. Schnittlauch hinzufügen und gründlich vermengen. Heiß servieren.

Pfannengerührte flache Reisnudeln nach Singapurer Art (Char Kway Teow)

Dieses Char Kway Teow erinnert mich an meine Reisen nach Singapur. Dort aß ich dieses Nudelgericht in den vor guten Speisen strotzenden Food-Courts (auch Hawker Center genannt): pfannengerührte flache Reisnudeln mit Tofu, Bohnensprossen und Zwiebeln in einer üppigen, süßen und schmackhaften Soße mit »Tofu-Ei« gekocht.

Für 2 Portionen
Vorbereitung: 10 Minuten
Kochzeit: 20 Minuten

125 g flache Reisnudeln, mindestens 1 cm breit, trocken
200 g extrafester Tofu

Soße
1 EL Sojasoße
1 ½ TL vegane Austernsoße (Rezept zum Selbstmachen auf S. 158) oder Woksoße
1 ½ EL süße Sojasoße (Kecap Manis, Rezept zum Selbstmachen auf S. 163)
1 TL Chilisoße nach Wahl

Zum Pfannenrühren
4 EL neutrales Öl
1 EL süße Sojasoße (Kecap Manis)
40 g Zwiebeln, in Ringe geschnitten
3 Knoblauchzehen, gehackt
½ TL gemahlene Kurkuma
⅛ TL Kala Namak (Schwarzsalz) oder Meersalz
150 g Bohnensprossen
30 g frischer Schnittlauch, in 5 cm lange Stücke geschnitten

Die Nudeln in eine große Schüssel geben und mit so viel kochendem Wasser übergießen, dass sie vollständig bedeckt sind. Die Nudeln umrühren, dann 8–10 Minuten ruhen lassen, bis sie weiß sind (nicht mehr glasig), aber noch Biss haben und biegsam sind. Abgießen und beiseitestellen.

In der Zwischenzeit den Tofu mindestens 10 Minuten auspressen, damit die überschüssige Flüssigkeit abtropft (weitere Details siehe S. 13). Dann den Tofu in 2 gleich große Portionen teilen. Eine Portion in etwa 1,5 cm breite Streifen schneiden. Die andere Portion in einer kleinen Schüssel zerdrücken. Beide beiseitestellen.

Die Soße vorbereiten: In einer kleinen Schüssel alle Soßenzutaten vermischen, dann beiseitestellen.

Wenn der Tofu fertig ist, eine große gusseiserne Pfanne auf hoher Stufe erhitzen und 2 EL vom Öl hineingeben. Wenn es heiß ist, die Tofustreifen in einer einzigen Schicht hineinlegen und 3–4 Minuten von jeder Seite knusprig braten. Kecap Manis hinzugeben und gründlich vermengen. Den Tofu braten, bis er geröstet ist, dann in der Pfanne auf die Seite schieben.

Die restlichen 2 EL Öl in dieselbe Pfanne geben (hohe Stufe). Zwiebeln und Knoblauch hinzufügen und unter Rühren anbraten, bis sie weich und geröstet sind (etwa 1 Minute). Die bissfesten Nudeln hineingeben und Soße darübergießen. Gründlich vermengen, dann die Nudeln 2–3 Minuten braten, bis sie die Soße aufnehmen und gar sind.

Die Nudeln in der Pfanne auf die Seite schieben. Hitze auf mittlere bis hohe Stufe verringern und den zerdrückten Tofu hinzugeben. Mit Kurkuma und Salz bestreuen. Alles gründlich vermengen, bis der Tofu durch die Kurkuma gleichmäßig gelb ist und wie Rührei aussieht.

Bohnensprossen und Schnittlauch hinzufügen. Alles vermischen. Die Hitze erhöhen und die Nudeln weitere 2–3 Minuten garen.

Vom Herd nehmen und anrichten. Sofort und noch heiß servieren.

Scharfe Dan-Dan-Nudeln

Diese Nudel-Bowl ist eine leicht vereinfachte Version des Klassikers aus Szechuan – doch sei versichert, dass an Geschmack und Duft nicht gespart wird! Du bekommst die köstliche Schärfe des Szechuanpfeffers, während du die fleischige Textur des Tofuhacks genießt. Die Nudeln sind von einer üppigen, duftenden Soße umhüllt … die nach mehr schmeckt.

Für 2 Portionen
Vorbereitung: 10 Minuten
Kochzeit: 20 Minuten

Tofu und Nudeln
225 g extrafester Tofu
1 EL Sesamöl
1 EL Hoisinsoße
1 ½ TL Shaoxing-Wein oder trockener Sherry
1 Prise chinesisches Fünf-Gewürze-Pulver (optional)
1 EL Sojasoße
140 g grünes Blattgemüse nach Wahl (z. B. Pak Choi, Spinat)
140 g weiße Weizennudeln oder andere Weizennudeln nach Wahl, trocken
2 TL neutrales Öl

Soße
1–2 EL Sojasoße oder Menge nach Geschmack
1 EL chinesische Sesampaste (siehe Anmerkung)
1 TL Rohrzucker
1 Prise chinesisches Fünf-Gewürze-Pulver (optional)
¼ TL Szechuanpfeffer, gemahlen
2 EL Chili-Knoblauch-Öl mit Bodensatz (Rezept zum Selbstmachen auf S. 159) oder Menge nach Geschmack
1 EL Sesamöl
1 Knoblauchzehe, gehackt
2 EL Nudelwasser oder Gemüsebrühe

Zum Garnieren (optional)
geröstete Erdnüsse, gehackt
Frühlingszwiebeln, in Ringe geschnitten

Tofu und Nudeln vorbereiten: Den Tofu mindestens 10 Minuten auspressen, damit die überschüssige Flüssigkeit abläuft (weitere Details siehe S. 13), danach den Tofu in eine Schüssel geben und mit den Händen oder einer Gabel zerkrümeln.

Eine große Pfanne oder einen Wok auf mittlerer bis hoher Stufe erhitzen. Sesamöl hineingeben. Wenn es heiß ist, den zerkrümelten Tofu hinzufügen. Hoisinsoße, Wein, Fünf-Gewürze-Pulver (falls verwendet) und Sojasoße dazugeben. Gründlich mischen und braten, bis der Tofu trocknet und aussieht wie Hackfleisch, dabei ungefähr alle 2 Minuten umrühren (rund 10 Minuten insgesamt).

Während der Tofu brät, in einem mittelgroßen Topf auf hoher Stufe Wasser zum Kochen bringen und das Blattgemüse 3–4 Minuten bzw. bis zum gewünschten Garpunkt blanchieren. Das Gemüse aus dem Wasser nehmen, mit kaltem Wasser abspülen und beiseitestellen. Die Nudeln in den Topf geben und nach Packungsanweisung bissfest (al dente) kochen. Die Nudeln herausnehmen und abtropfen lassen; das Wasser für die Soße aufheben. Die Nudeln auf 2 Bowls aufteilen. Ein wenig Öl daraufgeben und vermengen, um die Nudeln mit Öl zu überziehen, damit sie nicht zusammenkleben. Beiseitestellen.

Während die Nudeln kochen, die Soße zubereiten: In einer großen Schüssel alle Soßenzutaten miteinander vermischen. Mengen je nach erwünschtem Geschmack anpassen. Auf die beiden Nudel-Bowls verteilen.

Tofuhack, blanchiertes Gemüse sowie Erdnüsse und Frühlingszwiebeln (wenn gewünscht) auf die Nudeln geben. Alles miteinander vermengen und servieren. Falls nötig, die Nudeln mit mehr heißer Brühe aus dem Topf auflockern.

Anmerkung: Chinesische Sesampaste – nicht zu verwechseln mit Tahini – wird aus geröstetem weißem Sesam hergestellt, und davon hat sie diese hübsche hellbraune Farbe und den robusteren Geschmack. Tahini hingegen macht man aus rohem weißem Sesam, der nussiger schmeckt. Man findet sie in Asiamärkten oder online.

Vielfältige Tofu-Gerichte

Dieses Kapitel spiegelt meine Liebe zum Tofu wider. Die schlichten Blöcke aus geronnener Sojamilch, auch bekannt als Bohnenquark, werden häufig wegen ihres faden Geschmacks links liegen gelassen. Gut zubereitet jedoch können sie sehr viel Geschmack annehmen und leicht zum Star der Tafel werden. Hier findest du alles von zerkrümeltem, hackfleischähnlichem Tofu für den scharfen Thaibasilikum-Tofu (S. 72) bis hin zu Tofuscheiben in einer schmackhaften, sehr umami schmeckenden Soße (die das üblicherweise verwendete Schweinefleisch nachahmt) für Char-Siu-Tofu (S. 60).

Tofu ist nicht nur ein idealer proteinreicher Fleischersatz, sondern auch ein perfekter Geschmacksträger in soßigen Gerichten; denn er verhält sich wie ein Schwamm, sobald durch gutes Auspressen die überschüssige Flüssigkeit ausgetreten ist. Bestimmt wirst du diese Rezepte kochen und an deinen Tofu-skeptischen Freunden und Verwandten ausprobieren wollen, um zu erleben, wie sie ihre Meinung über Tofu von Grund auf ändern.

Char-Siu-Tofu

Tofuscheiben in einer üppigen, süß-herzhaften Soße gekocht. Dieses Gericht ist auch pur köstlich, am besten genießt man es jedoch mit einer Schale gedämpftem Reis oder mit frisch gekochten Nudeln. Auch in gedämpften Brötchen als Gua Baos mit Char-Siu-Tofu schmecken sie lecker (S. 24). Die Soße ist herrlich würzig: Süße und ein Hauch Schärfe in perfekter Balance.

Für 2 Portionen
Vorbereitung: 10 Minuten
Kochzeit: 25 Minuten

Tofu
450 g extrafester Tofu
3 EL neutrales Öl

Soße
2 EL Hoisinsoße
5–6 EL dunkelbrauner Zucker oder Menge nach Geschmack
1 EL Sojasoße
1 TL Knoblauch, gehackt
½ TL frischer Ingwer, gerieben
2 EL Shaoxing-Wein oder trockener Sherry
½ TL chinesisches Fünf-Gewürze-Pulver
2 TL Srirachasoße (Menge je nach gewünschter Schärfe anpassen)

Zum Servieren
Sesam, geröstet (optional)
Frühlingszwiebeln, gehackt (optional)
blanchiertes Gemüse, Nudeln, gedämpfter Reis und/oder in gedämpften Brötchen

Tofu vorbereiten: Den Tofu mindestens 10 Minuten auspressen, damit die überschüssige Flüssigkeit abläuft (weitere Details siehe S. 13). Den Tofublock auf die Seite drehen und durch die Mitte in 2,5 cm dicke Scheiben schneiden. Je nach Größe und Dicke des Tofus werden es 2–3 Scheiben.

Soße vorbereiten: In einer kleinen Schüssel alle Soßenzutaten miteinander vermischen. Beiseitestellen.

Eine große antihaftbeschichtete Pfanne auf mittlerer bis hoher Stufe erhitzen. Öl hinzufügen. Wenn es heiß ist, die Tofuscheiben hineinlegen und braten, bis sie von beiden Seiten leicht gebräunt sind (etwa 4 Minuten pro Seite). Tofu aus der Pfanne nehmen und 5 Minuten abkühlen lassen; dann jede Scheibe in 2,5 cm dicke Streifen schneiden.

Die Soße in dieselbe Pfanne geben (mittlere Stufe) und gut umrühren, bis sich der Zucker auflöst. Die Hitze auf mittlere bis hohe Stufe erhöhen und die Soße zum Kochen bringen. Dann die Hitze auf mittlere Stufe reduzieren. Die Soße umrühren, damit der Zucker nicht am Pfannenboden ansetzt und anbrennt. Soße abschmecken und, falls gewünscht, ruhig noch etwas Zucker hinzugeben. Danach den geschnittenen Tofu in die Pfanne geben und Soße darüberschöpfen, bis er etwas davon aufgesogen hat (7–8 Minuten). Die Hitze auf hohe Stufe stellen; sobald die Soße eindickt (nach etwa 2 Minuten), vom Herd nehmen.

Den Tofu nach Belieben mit Sesam und Frühlingszwiebeln garnieren. Char-Siu-Tofu pur genießen, mit Gemüse, Nudeln, Reis oder als Füllung für gedämpfte Brötchen, die Gua Boas (S. 24).

Mapo-Tofu

Mapo-Tofu ist eines meiner Lieblings-Tofu-Gerichte. Durch den Seidentofu bekommt es eine geschmeidige und samtige Textur, die so schön zu der scharfen Soße mit Szechuanpfeffer und fermentierten schwarzen Bohnen passt. Eine Wohltat, die man essen kann, und mit etwas gedämpftem Reis ideal als richtig herzhafte Mahlzeit.

Für 3 Portionen
Vorbereitung: 10 Minuten
Kochzeit: 20 Minuten

- 50 g texturiertes Pflanzenprotein, trocken (TVP oder Sojaschnetzel; ergibt rehydriert 150 g – siehe Anmerkung)
- 600 g Seidentofu
- 2 EL neutrales Öl zum Braten
- ½ TL Szechuanpfeffer, gemahlen, oder 1 TL ganze Szechuanpfefferkörner, zerdrückt
- 30 g Frühlingszwiebeln, in Ringe geschnitten, plus etwas mehr zum Garnieren
- 2 Knoblauchzehen, gehackt
- 75 g frische Shiitakepilze, fein gewürfelt
- 1 EL fermentierte schwarze Bohnen
- 1 TL Rohrzucker
- 2 TL Chili-Knoblauch-Öl mit Bodensatz (Rezept zum Selbstmachen auf S. 159)
- 1 TL Gochujang (koreanische Chilipaste) oder Srirachasoße (Menge je nach gewünschter Schärfe anpassen)
- 1 EL Sojasoße oder Menge nach Geschmack
- 360 ml Gemüsebrühe
- 2 EL Maisstärke
- 60 ml Wasser, zimmerwarm
- Salz nach Geschmack
- gedämpfter Reis zum Servieren

Sojaschnetzel in eine mittelgroße feuerfeste Schale geben. Mit kochendem Wasser bedecken und mindestens 5 Minuten einweichen, bis sie ihr Volumen verdoppelt haben. Danach die Flüssigkeit durch ein Sieb abgießen und Sojaschnetzel beiseitestellen.

Seidentofu vorsichtig in 2,5 cm große Stücke schneiden und auf einem Teller beiseitestellen.

Eine große Pfanne oder einen Wok auf mittlerer bis hoher Stufe erhitzen. Öl hineingeben. Wenn das Öl heiß ist, den Szechuanpfeffer unter Rühren 2 Minuten anbraten oder bis er duftet. Frühlingszwiebeln und Knoblauch hinzufügen und 1 Minute braten, dann die Pilze dazugeben. Die Pilze 2–3 Minuten braten und schwarze Bohnen, Zucker, Chili-Knoblauch-Öl, Gochujang und Sojasoße hinzufügen. Gründlich vermengen. Vorsichtig den klein geschnittenen Seidentofu hineingeben und möglichst nicht noch mehr zerkleinern. Die Hitze auf mittlere bis hohe Stufe erhöhen, Gemüsebrühe dazugießen und zum Kochen bringen

In einer kleinen Schale Maisstärke und zimmerwarmes Wasser verrühren, bis die Stärke sich aufgelöst hat.

Wenn das Tofugemisch kocht, den Stärkebrei hinzugeben; dabei vorsichtig umrühren, damit der Seidentofu nicht zerfällt. Weitere 2–3 Minuten kochen, bis die Soße eindickt. Mit Salz oder Sojasoße nach Belieben weiter abschmecken.

Vom Herd nehmen und mit Frühlingszwiebelringen garnieren. Den Tofu heiß mit gedämpftem Reis genießen.

Anmerkung: Sojaschnetzel kann man durch 150 g fein gewürfelte frische Shiitakepilze ersetzen; kein kochendes Wasser zu den Pilzen geben.

Koreanischer knuspriger, süß-scharfer Tofu (Dubu Ganjeong)

In diesem Gericht werden knusprige, in der Pfanne gebratene Tofustücke in einer klebrigen, scharfen, süßen und leicht säuerlichen Soße gekocht. »Dubu« bedeutet »Tofu« auf Koreanisch und Ganjeong ist ein stärkehaltiges koreanisches Konfekt, das durch Frittieren eine Kruste bekommt. Dies ist eine herzhafte Version mit Tofu und du kannst sie zu einer Schale gedämpftem Reis oder pur genießen!

Für 2 Portionen
Vorbereitung: 10 Minuten
Kochzeit: 25 Minuten

Tofu
400 g extrafester Tofu
½ TL Salz
2 EL Maisstärke

Soße
1 EL Gochujang (koreanische Chilipaste)
120 ml Gemüsebrühe oder Wasser, zimmerwarm
2 EL reiner Ahornsirup oder ein anderes flüssiges Süßungsmittel (nach Geschmack anpassen)
1 EL Sesamöl
80 ml Tomatenketchup
1 EL Sojasoße
1 TL Reisessig
2 TL Knoblauch, gehackt
1 EL Maisstärke

Zum Kochen und Servieren
neutrales Öl zum Braten
1 kleine weiße Zwiebel, klein geschnitten
2 Knoblauchzehen, gehackt
1 kleine Paprikaschote, ohne Kerne, klein geschnitten
gedämpfter Reis oder gekochte Nudeln zum Servieren
gerösteter Sesam und Frühlingszwiebeln, gehackt, als Topping (optional)

Tofu vorbereiten: Den Tofu mindestens 10 Minuten auspressen, damit die überschüssige Flüssigkeit abläuft (weitere Details siehe S. 13). In 2,5 cm große Würfel schneiden und in eine Schüssel geben. Salz und Maisstärke auf die Würfel streuen. Vermengen und Tofu gut mit Stärke überziehen.

Soße vorbereiten: In einer kleinen Schüssel alle Soßenzutaten miteinander vermischen, bis sie sich gut vereint haben. Beiseitestellen.

Eine große antihaftbeschichtete oder gusseiserne Pfanne auf mittlerer bis hoher Stufe erhitzen und so viel Öl in die Pfanne geben, dass der Boden bedeckt ist. Wenn das Öl heiß ist, die vorbereiteten Tofuwürfel in die Pfanne geben.

Die Tofuwürfel braten und etwa alle 2 Minuten wenden, bis sie auf allen Seiten goldbraun und knusprig sind (ungefähr 10 Minuten insgesamt). Danach den Tofu aus dem Öl nehmen und auf einen mit Küchenpapier ausgelegten Teller oder in ein Sieb geben, damit überschüssiges Öl abtropft.

In derselben Pfanne Zwiebeln und Knoblauch bei mittlerer bis hoher Hitze unter Rühren anbraten, bis es aromatisch duftet (ungefähr 2 Minuten). Paprikastückchen hinzugeben und unter Rühren braten, bis sie weich sind (etwa 2 Minuten).

Die Soße hinzufügen. Die Hitze auf mittlere Stufe reduzieren und – weiterhin unter Rühren – die Soße langsam zum Kochen bringen. Den knusprigen Tofu hinzugeben und mit der Soße verrühren. 3–4 Minuten köcheln lassen, bis die Soße eingedickt ist.

Vom Herd nehmen. Den Tofu mit einer Schale gedämpftem Reis oder gekochten Nudeln genießen. Mit geröstetem Sesam und Frühlingszwiebeln garnieren, falls gewünscht.

Chili-Tofu aus Singapur

Zu den denkwürdigsten Gerichten, die ich je in einem Food-Court in Singapur gegessen habe, gehören Chili-Krabben mit ihrer dicken und absolut schmackhaften Soße: süß, scharf und salzig – fein ausbalanciert mit einem intensiven Duftgemisch aus Knoblauch, Schalotten und Ingwer. In diesem Rezept habe ich knusprig umhüllten Tofu in einer ähnlichen Soße gekocht. Traditionellerweise werden verquirlte Eier hineingerührt. In dieser veganen Version habe ich mich für Seidentofu entschieden, denn er gibt der Soße eine angenehme Textur. Vermutlich wirst du immer mehr von dieser Soße wollen, ob mit Reis, Nudeln oder chinesischen Hefebrötchen (Mantou).

Für 2 Portionen
Vorbereitung: 20 Minuten
Kochzeit: 20 Minuten

450 g extrafester Tofu
2 ½ EL Maisstärke
¼ TL Salz
5–6 Bird's-Eye-Chilischoten (Menge je nach gewünschter Schärfe anpassen)
2 kleine Schalotten, halbiert und geschält
8 Knoblauchzehen, geschält, klein geschnitten und zerdrückt
2,5 cm frischer Ingwer, geschält

Zum Braten
60 ml neutrales Öl
1 EL fermentierte Sojabohnenpaste (Doenjang)
300 ml Wasser oder Gemüsebrühe
2 EL Rohrzucker oder nach Belieben
4 EL Tomatenketchup
55 g Seidentofu, zerdrückt (optional)
1 EL Maisstärke
2–3 EL Wasser, zimmerwarm

Zum Servieren
Koriandergrün, gehackt (optional)
gedämpfte Brötchen, gekochter Reis oder Nudeln

Den Tofu mindestens 10 Minuten auspressen, damit die überschüssige Flüssigkeit abläuft (weitere Details siehe S. 13). In 5 cm große Würfel schneiden. In einer flachen Schale Maisstärke und Salz vermischen. Die Würfel im Stärkegemisch wälzen und gleichmäßig überziehen.

Stiele der Chilischoten abschneiden. Chilischoten, Schalotten, Knoblauch und Ingwer in einer Küchenmaschine zerkleinern oder mit einem Messer hacken. Beiseitestellen.

Eine große antihaftbeschichtete Pfanne auf mittlerer bis hoher Stufe erhitzen. Öl hineingeben. Wenn das Öl heiß ist, die vorbereiteten Tofuwürfel braten und dabei alle 2 Minuten wenden, bis sie von allen Seiten goldbraun und knusprig sind (insgesamt etwa 10 Minuten). Tofu aus der Pfanne nehmen und in ein Sieb oder auf einen mit Küchenpapier ausgelegten Teller geben, damit überschüssiges Öl abtropft. Den Tofu nicht zudecken, sonst könnte er matschig werden.

Das Chiligemisch in dieselbe Pfanne ins restliche Öl geben. 3 Minuten unter auf mittlerer Stufe anbraten, bis es duftet und die Schalotten etwas glasig sind. Sojabohnenpaste, Wasser oder Gemüsebrühe, Zucker und Ketchup hinzugeben und vermischen, bis die Paste verflüssigt und der Zucker aufgelöst ist (etwa 3 Minuten). Seidentofu hinzufügen (falls verwendet), vorsichtig mit dem Spatel zerdrücken und schließlich gründlich in die Soße mischen. Die Hitze erhöhen und die Soße zum Kochen bringen.

In der Zwischenzeit in einer kleinen Schüssel Maisstärke und Wasser verrühren. Wenn das Soßengemisch kocht, die Hitze auf mittlere Stufe verringern und unter stetigem Rühren die Stärkemischung zugeben. Weiterrühren, bis die Soße eingedickt ist (etwa 2 Minuten). Gebratenen Tofu hineingeben und vorsichtig vermengen, sodass er gut mit Soße überzogen ist. Weitere 2 Minuten kochen, dann vom Herd nehmen.

Den Tofu mit gehacktem Koriandergrün garnieren, falls gewünscht. Heiß mit gedämpften Brötchen genießen, die man in die Soße tunken kann. Auch Reis oder Nudeln passen sehr gut dazu.

Japanisches Tofu-Tonkatsu

Hier werden Tofuscheiben in einen Ausbackteig getaucht, in Paniermehl gewälzt und knusprig gebraten. Zum Abrunden träufele ich selbst gemachte Tonkatsu-Soße darüber und das Ganze wird köstlich aromatisch und knusprig im Biss. Es ist eines der wirklich vielseitigen Tofu-Gerichte, die du pur, mit gedämpftem Reis oder zwischen Brotscheiben als Tofu-Tonkatsu-Sandwich genießen kannst!

Für 2 Portionen
Vorbereitung: 20 Minuten
Kochzeit: 15 Minuten

Tofu-Tonkatsu
450 g extrafester Tofu
1 ½ TL Salz
65 g Weizenmehl
1 EL plus 2 TL Maisstärke
1 TL Backpulver
120 ml Wasser, zimmerwarm
60 g japanisches oder Panko-Paniermehl, mehr nach Bedarf
neutrales Öl zum Ausbacken

Tonkatsu-Soße
80 ml Tomatenketchup
1 EL Sojasoße
1 TL Apfelessig
1 TL dunkelbrauner oder anderer Zucker, Menge nach Geschmack

Zum Servieren
Sesam, geröstet
Kohl, gehobelt
Miso-Sesam-Dressing (S. 140) für den Weißkohl
Zitronenspalten
Reis, gekocht (optional)

Tofu-Tonkatsu vorbereiten: Den Tofu mindestens 10 Minuten auspressen, damit die überschüssige Flüssigkeit abläuft (weitere Details siehe S. 13). Dann in 2,5 cm dicke Scheiben schneiden. Je nach Dicke des Tofublocks ergibt dies 2–3 Scheiben. ½ TL Salz darüberstreuen und auf beiden Seiten verreiben.

In einer mittelgroßen Schüssel den Ausbackteig zubereiten. Dafür Mehl, Maisstärke, Backpulver, 1 TL Salz und das Wasser zu einer glatten Masse verrühren. Paniermehl auf einem anderen Teller oder einer Schale ausbreiten. Eine Tofuscheibe in den Teig tauchen und anschließend im Paniermehl wenden. Diesen Schritt mit dem restlichen Tofu wiederholen.

Eine große Pfanne auf hoher Stufe erhitzen. So viel Öl hineingeben, dass die Tofuscheiben mindestens bis zur Hälfte der Seitenhöhe eintauchen. Wenn das Öl heiß ist und Bläschen aufsteigen, vorsichtig 2 oder 3 (je nach Pfannengröße) panierte Tofustücke hineingeben. Sie sollten sofort anfangen zu brutzeln, wenn sie ins Öl gegeben werden. Darauf achten, dass sie mindestens 2,5 cm Abstand voneinander haben. Die Scheiben 4–5 Minuten ausbacken, bis sie goldbraun sind; nach der Hälfte der Zeit wenden, sofern sie nicht vollständig von Öl bedeckt sind. Wenn der Tofu goldbraun ist, die Stücke aus dem Öl nehmen und in ein Sieb oder auf einen mit Küchenpapier ausgelegten Teller legen, damit überschüssiges Öl abtropft. 2–3 Minuten abkühlen lassen, dabei nicht zudecken, damit sie knusprig bleiben.

In der Zwischenzeit die Tonkatsu-Soße zubereiten: Alle Soßenzutaten in eine kleine Schüssel geben. Alles miteinander verrühren, bis sich der Zucker aufgelöst hat. Nach Wunsch abschmecken.

Die ausgebackenen Tofuscheiben diagonal in 2,5 cm große Stücke schneiden. Mit der Tonkatsu-Soße beträufeln und mit geröstetem Sesam bestreuen. Am besten genießt man es heiß und knusprig mit einer Beilage aus gehobeltem Weißkohl mit Miso-Sesam-Dressing, einem Spritzer Zitronensaft und Reis, falls gewünscht.

Philippinisches Tofusteak (Bistek Tagalog)

»Filipino Bistek« war in meiner Kindheit ein Highlight. Das sind im Grunde Beefsteaks, in einer würzigen und etwas sauren Soße gekocht, mit glasig gebratenen Zwiebeln. Hier kommt natürlich eine vegane Version mit Tofuscheiben – auch unglaublich schmackhaft. Du wirst die Soße auslöffeln und den Tofu samt deiner Lieblingsbeilage geradezu damit ertränken.

Für 3–4 Portionen
Vorbereitung: 15 Minuten
Marinieren: 40 Minuten
Kochzeit: 15 Minuten

Tofu
680 g extrafester Tofu

Marinade
5 EL Sojasoße
60 ml Zitronensaft, frisch gepresst (1 Zitrone)
½ TL schwarzer Pfeffer aus der Mühle
1 TL Kokoszucker
½ TL Knoblauchpulver

Zum Braten
2 EL neutrales Öl plus etwas mehr nach Bedarf
2 kleine rote Zwiebeln, in Ringe geschnitten
2 Knoblauchzehen, gehackt
120 ml Gemüsebrühe
1 TL Kokoszucker plus etwas mehr zum Abschmecken
Salz nach Geschmack
gedämpfter Reis zum Servieren

Tofu vorbereiten: Den Tofu mindestens 10 Minuten auspressen, damit die überschüssige Flüssigkeit abläuft (weitere Details siehe S. 13).

Marinade zubereiten: Während der Tofu ausgepresst wird, in einer flachen Schale oder einem Teller die Marinadezutaten vermischen.

Den Tofu in 2 cm dicke viereckige Stücke schneiden. Alle Tofuscheiben in die Marinade legen. Mindestens 40 Minuten marinieren, dabei nach der Hälfte der Zeit alle Scheiben umdrehen.

Tofu braten: Eine große Pfanne (kann eine antihaftbeschichtete sein) auf mittlerer Stufe erhitzen. Öl hineingeben. Die Zwiebeln unter Rühren anbraten, bis sie etwas glasig und weich werden (ungefähr 3 Minuten). Zwiebeln aus der Pfanne nehmen und beiseitestellen. Falls nötig, mehr Öl in die Pfanne geben. Marinierten Tofu in die Pfanne legen (Marinade aufheben). Die Hitze erhöhen und den Tofu 3–4 Minuten braten, bis er leicht gebräunt ist. Dann wenden und die andere Seite braten, bis sie ebenfalls leicht gebräunt ist. Tofu aus der Pfanne nehmen und auf den Teller mit den Zwiebeln legen. Beiseitestellen.

Die Hitze auf mittlere Stufe reduzieren und den Knoblauch in die Pfanne geben. 2 Minuten unter Rühren anbraten. Die Marinade hinzugeben, die Hitze auf mittlere bis hohe Stufe erhöhen und rührend den Pfannenboden ablöschen. Gemüsebrühe und Zucker hinzugeben. Den gebratenen Tofu wieder in die Pfanne geben und das Gemisch behutsam zum Kochen bringen. Die gebratenen Zwiebeln hinzufügen und die Hitze auf mittlere Stufe verringern. Die Soße abschmecken und mit Zucker und Salz nach Bedarf nachwürzen Vom Herd nehmen und den Tofu heiß mit gedämpftem Reis genießen.

Scharfer Tofu mit Thaibasilikum (Pad Krapow)

Dieses Rezept ist inspiriert von Hühnchen mit Thaibasilikum, das ich früher liebend gern in thailändischen Restaurants gegessen habe. Statt Hähnchenhackfleisch habe ich hier gehackten Tofu verarbeitet, um die fleischige Textur nachzubilden, und habe ihn in einer sehr aromatischen, scharfen und herzhaften Soße gekocht. Dazu passt Jasminreis.

Für 3 Portionen
Vorbereitung: 10 Minuten
Kochzeit: 20 Minuten

Tofu
450 g extrafester Tofu

Soße
2 EL Kokoszucker oder Palmzucker
60 ml Gemüsebrühe
4–5 EL vegane Fischsoße (Rezept zum Selbstmachen auf S. 163; siehe Anmerkung)
1 EL Sojasoße oder Menge nach Geschmack (siehe Anmerkung)
1 TL Maisstärke

Zum Braten
3 EL neutrales Öl
1 kleine rote Zwiebel, gewürfelt
3 Knoblauchzehen, gehackt
2 grüne Chilischoten, in Ringe geschnitten, falls gewünscht ohne Kerne
2 Bird's-Eye-Chilischote, in Ringe geschnitten, falls gewünscht ohne Kerne
1 kleine rote Paprikaschote, ohne Kerne, gewürfelt
50 g frische Thaibasilikumblätter
1 Prise weißer Pfeffer aus der Mühle

Zum Servieren
Bird's-Eye-Chilischote, in Ringe geschnitten (optional)
gedämpfter Jasminreis

Tofu vorbereiten: Den Tofu mindestens 10 Minuten auspressen, damit die überschüssige Flüssigkeit abläuft (weitere Details siehe S. 13). Danach den Tofu in eine Schüssel geben und mit den Händen oder einer Gabel zerkrümeln. Beiseitestellen.

Die Soße vorbereiten: In einer kleinen Schüssel alle Soßenzutaten miteinander vermischen. Die Mengen gerne je nach erwünschtem Geschmack anpassen. Beiseitestellen.

Eine große antihaftbeschichtete Pfanne oder einen Wok auf mittlerer bis hoher Stufe erhitzen. Öl hineingeben. Wenn es heiß ist, die roten Zwiebeln in 1–2 Minuten unter Rühren glasig braten. Knoblauch, Chili und Paprikawürfel hinzugeben. Die Hitze auf mittlere Stufe reduzieren und 3–4 Minuten unter Rühren anbraten, bis die Paprikastückchen gar sind. Zerdrückten Tofu hinzufügen. Die Hitze erhöhen und den Tofu leicht bräunen, dabei alle 2 Minuten umrühren, bis er trocken ist und wie Hackfleisch aussieht (insgesamt ungefähr 10 Minuten).

Die Soße erneut umrühren und ins Tofugemisch gießen. Den Tofu gründlich vermischen, die Hitze auf mittlere bis hohe Stufe verringern, dann das Thaibasilikum hinzugeben. Gut vermengen und 2 Minuten braten, bis die Basilikumblätter zusammenfallen. Mit weißem Pfeffer und Sojasoße abschmecken, falls nötig. Vom Herd nehmen und nach Belieben mehr Chiliringe hinzugeben. Heiß und mit gedämpftem Reis genießen.

Anmerkung: Wird gekaufte vegane Fischsoße verwendet, mit der kleineren Menge beginnen und weniger Sojasoße verwenden als angegeben, da sie viel salziger ist als meine selbst gemachte Version von S. 163.

Tofu-Brokkoli-Pfanne mit Knoblauch

Hier kommt ein einfaches, aber genussvolles Tofu-Pfannengericht mit Brokkoli! Es ist von den Brokkoligerichten inspiriert, die ich in unseren hiesigen chinesischen Restaurants so gerne wähle und die oft mit viel aromatischem Knoblauch, Ingwer und Frühlingszwiebeln zubereitet werden. Außerdem ist dieses Gericht sehr proteinhaltig und eine köstliche Möglichkeit, grünes Gemüse zu sich zu nehmen!

Für 4 Portionen
Vorbereitung: 15 Minuten
Kochzeit: 20 Minuten

Tofu
400 g extrafester Tofu

Soße zum Braten
3 EL Sojasoße plus etwas mehr zum Abschmecken
1 EL Rohrzucker oder Menge nach Geschmack
60 ml Gemüsebrühe
1 ½ TL Maisstärke

Zum Braten
neutrales Öl
1 TL Ingwer, gerieben
6 Knoblauchzehen, gehackt
1 Frühlingszwiebel, klein geschnitten
400 g Brokkoliröschen, roh (von 1 Kopf)
1 Prise Salz
60 ml Gemüsebrühe oder Wasser
gedämpfter Reis zum Servieren

Tofu vorbereiten: Den Tofu mindestens 10 Minuten auspressen, damit die überschüssige Flüssigkeit abläuft (weitere Details siehe S. 13), danach in 2,5 cm große Quadrate schneiden.

Die Soße vorbereiten: In einer kleinen Schale alle Soßenzutaten miteinander vermischen. Beiseitestellen.

Eine große Pfanne (mit Deckel) auf mittlerer bis hoher Stufe erhitzen. So viel Öl hineingeben, dass der Pfannenboden bedeckt ist. Wenn das Öl heiß ist und Bläschen aufsteigen, die Tofustücke vorsichtig hineinsetzen. Den Tofu goldbraun braten, ungefähr 4 Minuten von jeder Seite. Aus dem Öl nehmen und in ein Sieb oder auf einen mit Küchenpapier ausgelegten Teller geben, damit überschüssiges Öl abtropft. Davon gern etwas wieder in die Pfanne geben, denn zum Pfannenrühren wird dieselbe Pfanne verwendet.

In derselben Pfanne auf mittlerer bis hoher Stufe Ingwer, Knoblauch und Frühlingszwiebeln unter Rühren anbraten, bis es aromatisch duftet (etwa 2 Minuten). Brokkoliröschen hinzugeben, dann eine Prise Salz und Gemüsebrühe oder Wasser hinzufügen. Deckel auflegen, die Hitze auf mittlere Stufe reduzieren und den Brokkoli 3 Minuten kochen lassen, bis er den gewünschten Biss hat. Deckel herunternehmen und gebratenen Tofu wieder in die Pfanne geben.

Die Soße gründlich umrühren, damit die Stärke sich nicht am Boden absetzt. Soße in die Pfanne gießen. Tofu und Brokkoli gut mit der Soße vermengen. Auf mittlerer Stufe 3–4 weitere Minuten kochen, bis die Soße eindickt. Tofu und Brokkoli kosten und, falls nötig, mit Sojasoße abschmecken. Vom Herd nehmen. Mit gedämpftem Reis servieren und noch heiß genießen.

Gebratener Tofu mit schwarzen Bohnen und Chili-Knoblauch-Öl

Von meiner Großmutter habe ich eine Flasche Schwarze-Bohnen-Knoblauch-Soße bekommen, die ich ausgesprochen gern für pfannengerührte Gerichte und Soßen verwende. Die schwarzen Bohnen sind fermentiert und können recht salzig sein, verleihen einem Gericht aber sehr viel mehr Tiefe. Und eine kleine Menge reicht recht lange!
Diese knusprigen Tofustücke werden zudem mit selbst gemachtem Chili-Knoblauch-Öl zubereitet. Sie duften herrlich und haben von den schwarzen Bohnen diesen perfekt salzigen Biss.

Für 2 Portionen
Vorbereitung: 15 Minuten
Kochzeit: 20 Minuten

- 450 g extrafester Tofu
- neutrales Öl zum Frittieren
- 2 EL Sesamöl
- 15 g Frühlingszwiebeln, gehackt
- 1 Chilischote, getrocknet, in Streifen geschnitten (optional)
- 2 TL Knoblauch, gehackt
- 1 EL fermentierte schwarze Bohnen oder Schwarze-Bohnen-Knoblauch-Soße
- 1 kleine rote Paprikaschote, ohne Kerne, gewürfelt
- 1 EL Chili-Knoblauch-Öl (Rezept zum Selbstmachen auf S. 159; Menge je nach gewünschter Schärfe anpassen)

Den Tofu mindestens 10 Minuten auspressen, damit die überschüssige Flüssigkeit abläuft (weitere Details siehe S. 13). In 2,5 cm dicke Stücke schneiden.

Eine große Pfanne auf hoher Stufe erhitzen. So viel Öl in die Pfanne geben, dass die Tofustücke vollständig bedeckt werden. Wenn das Öl heiß ist und Bläschen aufsteigen, Tofu vorsichtig hineingeben. 5–6 Minuten frittieren bzw. so lange, bis die Tofustücke goldbraun und knusprig sind.

Tofu aus dem Öl nehmen und in ein Sieb oder auf einen mit Küchenpapier ausgelegten Teller geben, damit das überschüssige Öl abtropft. Herd ausstellen. Öl aus der Pfanne entfernen.

Das Sesamöl in dieselbe Pfanne geben (auf mittlerer bis hoher Stufe). Frühlingszwiebeln, Chili (falls verwendet) und Knoblauch unter Rühren anbraten (ungefähr 2 Minuten). Schwarze Bohnen oder Schwarze-Bohnen-Knoblauch-Soße und Paprikawürfel hinzugeben. Weitere 2 Minuten unter Rühren anbraten. Tofu wieder in die Pfanne geben, Chili-Knoblauch-Öl hinzufügen. Alles vermengen und weitere 2 Minuten braten. Vom Herd nehmen und heiß servieren, wenn der Tofu noch kross ist.

Suppen, Eintöpfe und Geschmortes für die Seele

Die Überschrift zu diesem Kapitel deutet es an, dieser Abschnitt enthält herzhafte Mahlzeiten, die deine Seele wärmen. Obwohl ich auf den Philippinen aufgewachsen bin, wo es das ganze Jahr über ziemlich warm und feucht ist, habe ich noch immer einen Grund dafür gefunden, eine warme Nudelsuppe zuzubereiten und zu genießen. Probiere einmal die nach Umami schmeckenden Ramen mit Tofu, Pilzen und Miso (S. 83) – hier inspirierten mich die Suppen, die ich in den Straßen von Osaka in Japan gegessen habe. Man kann die besten Bowls inmitten einer kalten Nacht am Straßenrand verspeisen – genüsslich schlürfend, bis man den Bauch mit Ramen-Nudeln und reichhaltiger Brühe gefüllt hat. Als leichtere Nudelsuppe gibt es auch das vietnamesische Pilz-Pho (S. 80), zu dem mich die Suppen inspiriert haben, die ich in Ho-Chi-Minh-Stadt (auch bekannt als Saigon) in Vietnam gegessen habe. Sie erhalten ihr ganz bestimmtes Aroma von all den Gewürzen und frischen Kräutern, die man dem Gericht noch zufügen kann, wenn man die heiße Schale Pho serviert bekommt. Außerdem findest du diesem Kapitel herzhafte Schmorgerichte und Eintöpfe. Du wirst nach mehr Reis verlangen, denn wahrscheinlich kannst du dich nicht zurückhalten und löffelst die Soße damit auf.

Vietnamesische Pilz-Pho (Pho Chay)

Diese Pho Chay (»Chay« bedeutet auf Vietnamesisch »vegetarisch«) besteht aus einer richtig aromatischen und schmackhaften Pilzbrühe mit ein klein wenig Süße. In diesem Rezept wird eine Gewürzmischung verwendet, die von den Pho-Suppen inspiriert ist, die ich in den Straßen von Ho-Chi-Minh-Stadt in Vietnam gegessen habe. Die Einheimischen verzehren Pho gerne zum Frühstück – in Lokalen, die sehr früh am Morgen öffnen. Ich genieße meine Pho mit einem großzügigen Spritzer Limettensaft und streue noch Bohnensprossen und frische Kräuter darauf, die Toppings dippe ich in Hoisin- und Chilisoße – so wird Pho gemeinhin in Südvietnam gegessen.

Für 2 Portionen
Vorbereitung: 20 Minuten
Kochzeit: 45 Minuten

Aromen
1 große weiße Zwiebel, geviertelt
2 daumengroße Stücke frischer Ingwer, in 6 mm dicke Scheiben geschnitten

Tofu und Pilze
200 g extrafester Tofu
1 EL vegane Fischsoße (Rezept zum Selbstmachen auf S. 163)
1 TL Rohrzucker
¼ TL chinesisches Fünf-Gewürze-Pulver
2 EL neutrales Öl
1 Prise Salz
200 g frische Pilze nach Wahl, in Scheiben geschnitten

Nudeln
200 g Reisnudeln, 3–5 mm dick, trocken

Die Aromen vorbereiten: Eine kleine Pfanne (am besten eine gusseiserne) auf hoher Stufe erhitzen, und sobald sie raucht, Zwiebeln und Ingwer hineingeben. Braten, bis beides geröstet ist – ungefähr 3 Minuten von jeder Seite –, dann vom Herd nehmen und in eine Schüssel geben. Beiseitestellen.

In der Zwischenzeit Tofu und Pilze vorbereiten: Den Tofu mindestens 10 Minuten auspressen, damit die überschüssige Flüssigkeit abläuft (weitere Details siehe S. 13). Tofu in 2 cm dicke Stücke schneiden und in eine Schüssel geben. In einer kleinen Schüssel vegane Fischsoße, Zucker und Fünf-Gewürze-Pulver vermischen. Den Tofu mit der Soße überziehen.

In der für Zwiebeln und Ingwer verwendeten Pfanne das Öl auf mittlerer bis hoher Stufe erhitzen. Tofu hineingeben und eine Prise Salz hinzufügen. Den Tofu von beiden Seiten knusprig braten (ungefähr 6 Minuten insgesamt). Aus der Pfanne nehmen und auf einen Teller legen. Pilze in die Pfanne geben und braten, bis sie weich sind. Tofu und Pilze beiseitestellen; sie werden später auf die Nudeln gegeben.

Nudeln zubereiten: In einem großen Topf Wasser auf hoher Stufe erhitzen. Sobald es kocht, die Reisnudeln hineingeben und diese bissfest kochen (1–2 Minuten kürzer als auf der Packung angegeben). Nudeln abgießen und unter fließendem kaltem Wasser den Kochprozess stoppen und die Stärke entfernen. Nudeln beiseitestellen, Kochwasser weggießen.

→

Brühe
1 ½ EL neutrales Öl
1 wohlriechende oder koreanische Birne (Nashi), beliebige Sorte, ohne Kerne und in Spalten geschnitten
1 große Karotte, geschält und gewürfelt
1 Zimtstange
5 Sternanis, trocken
3 ganze Gewürznelken
2 l Gemüsebrühe oder Rinderbrühe-Imitat
4 Shiitakepilze, getrocknet
½–1 TL Salz oder Menge nach Geschmack
1 TL Rohrzucker
2 EL vegane Fischsoße (Rezept zum Selbstmachen auf S. 163) plus etwas mehr zum Abschmecken

Zum Garnieren
35 g frische Bohnensprossen
frische Thaibasilikumblätter
frisches Koriandergrün
Frühlingszwiebeln, in Ringe geschnitten
rote Chilischote, in Ringe geschnitten (optional)
Limettensaft, frisch gepresst

Zum Dippen
Hoisinsoße
Srirachasoße

Brühe zubereiten: Öl, Birnenspalten, Karottenwürfel, Zimtstange, Sternanis und Gewürznelken in den Nudelkochtopf geben. Die Hitze erhöhen und die Zutaten 4 Minuten unter Rühren anbraten, bis sie aromatisch duften. Brühe, getrocknete Shiitakepilze, geröstete Zwiebeln und Ingwer hinzugeben. Deckel auflegen und die Suppe langsam zum Kochen bringen.

Wenn die Suppe kocht, die Hitze auf mittlere Stufe verringern. Brühe mit Salz, Zucker und veganer Fischsoße abschmecken. Die Mengen je nach erwünschtem Geschmack anpassen. Weitere 15 Minuten oder länger leise köcheln lassen, bis die Birnenstückchen sehr weich sind. Je länger die Brühe köchelt, umso intensiver sind die Aromen. Anschließend Gewürze und Aromazutaten aus der Brühe nehmen oder abgießen. Die Shiitakepilze kann man kleinschneiden und als Topping auf die die Bowls geben.

Vor dem Servieren kann man die gekochten Reisnudeln zum Erwärmen einen Moment mit in die Suppe geben. Zum Anrichten Nudeln, Tofu und Pilze auf 2 Schalen verteilen. Die heiße Suppe in beide Schalen gießen. Mit Bohnensprossen, Kräutern deiner Wahl und roten Chilischotenringen toppen, falls gewünscht. Zum Schluss einen Spritzer Limettensaft darübergeben. Tofu und Pilze kann man, falls gewünscht, in eine Mischung aus Hoisin- und Srirachasoße dippen.

Umami Ramen mit Tofu, Pilzen und Miso

Nudeln in einer gehaltvollen Misobrühe, darauf Tofu, Pak Choi, Pilze, Mais, Sesam und ein großzügiger Spritzer Rayu (japanisches Chiliöl): Dieses Gericht führt mich wieder zu den köstlichen Ramen-Bowls, die ich in Japan in den engen Gassen Osakas verspeist habe. Du wirst viele Schalen dieser seidigen Brühe mit Umami-Geschmack essen wollen. Genieße deine Bowl mit heißen Nudeln an einem kalten Abend, und – schlürf schön!

Für 2 Portionen
Vorbereitung: 15 Minuten
Kochzeit: 45 Minuten

Tofuhack und Pilze
200 g extrafester Tofu
2 EL Sesamöl
1 TL Knoblauch, gehackt
1 TL frischer Ingwer, gehackt
1 ½ EL Sojasoße
1 ½ TL Chilisoße oder Srirachasoße
1 TL dunkle Sojasoße (optional, wegen der Farbe)
115 g frische Pilze nach Belieben (z. B. Shiitake-, Shimeji- oder Austernpilze)

Nudeln und Toppings
2 Portionen frische oder getrocknete Instant-Ramennudeln
115 g Pak Choi oder ein anderes Blattgemüse (z. B. Spinat, chinesischer Senfkohl)

Tofu und Pilze vorbereiten: Den Tofu mindestens 10 Minuten auspressen, damit die überschüssige Flüssigkeit abläuft (weitere Details siehe S. 13). Anschließend in einer Schüssel mit einer Gabel zerkrümeln, bis die Stücke die Größe von Hackfleisch haben.

Eine mittelgroße antihaftbeschichtete Pfanne auf mittlerer Stufe erhitzen und 1 EL Sesamöl hineingeben. Sobald es heiß ist, Knoblauch und Ingwer 2 Minuten unter Rühren anbraten,bis der Knoblauch etwas gebräunt ist. Zerkrümelten Tofu hinzugeben. Mit Soja- und Chilisoße würzen. Tofu gründlich vermengen und bei mittlerer bis hoher Hitze braten; den Tofu in Ruhe auf einer Seite 3–4 Minuten lang knusprig werden lassen und erst dann bewegen. Den Tofu 5–6 weitere Minuten braten und dabei alle 2 Minuten umrühren, damit er auf allen Seiten gleichmäßig braun wird. Mit dem fortschreitenden Verdampfen des Wassers wird er wie gebratenes Fleisch aussehen. Die dunkle Sojasoße hinzugeben (falls verwendet). Gründlich mischen und weitere 3–4 Minuten braten, bis der Tofu ganz und gar goldbraun ist. In einer kleinen Schüssel beiseitestellen.

1 EL Sesamöl bei mittlerer bis hoher Stufe in dieselbe Pfanne geben. Die Pilze 2–3 Minuten unter Rühren anbraten, bis sie gar sind. Pilze in einer kleinen Extraschale beiseitestellen.

Nudeln und Toppings zubereiten: In einem großen Topf Wasser auf hoher Stufe zum Kochen bringen, dann die Hitze auf mittlere Stufe verringern. Die Instant-Ramennudeln (oder nach Belieben andere Nudeln) hineingeben und kochen, bis sie noch sehr viel Biss haben (al dente). Sie müssen so fest sein, denn später werden sie in der Suppe weiterkochen. Nudeln aus dem Wasser nehmen (heißes Wasser nicht weggießen) und unter kaltem Wasser abspülen. Gut abtropfen lassen und auf die beiden Ramen-Bowls aufteilen.

Im Topf mit dem Nudelwasser den Pak Choi (oder anderes Gemüse) bei mittlerer bis hoher Stufe 3–4 Minuten blanchieren, bis er etwas glasig wird und den gewünschten Garpunkt hat. Vom Herd nehmen und abtropfen lassen; das Wasser aus dem Topf weggießen. Das Gemüse auf die beiden Ramen-Bowls mit den Nudeln aufteilen.

→

Misobrühe

1 EL Sesamöl oder japanisches Chiliöl (Rayu)
25 g Frühlingszwiebeln, in Ringe geschnitten, weiße und grüne Teile getrennt
½ TL Szechuanpfefferkörner (optional, aber wärmstens empfohlen)
1 EL chinesische Sesampaste (siehe Anmerkung)
2 EL Misopaste
2 Knoblauchzehen, gehackt
720 ml Gemüsebrühe
240 ml Soja- oder Hafermilch, ungesüßt
1 EL Sojasoße
¼–½ TL Salz oder Menge nach Geschmack

Zum Anrichten

2 EL Mais aus dem Glas
Frühlingszwiebeln, in Ringe geschnitten, als Topping
Sesam (optional)
japanisches Chiliöl (Rayu) oder Sesamöl

Misobrühe zubereiten: Den großen Topf, in dem die Nudeln gekocht wurden, auf mittlere bis hohe Stufe erhitzen. ½ TL des Sesamöls oder des Rayu hineingeben. Wenn das Öl heiß ist, die weißen Teile der Frühlingszwiebeln und Szechuanpfefferkörner (falls verwendet) hineingeben. 2–3 Minuten unter Rühren anbraten, bis die Frühlingszwiebeln gar sind. Die Hitze auf mittlere Stufe verringern. Sesampaste, Misopaste und Knoblauch hinzufügen und gründlich miteinander verrühren. Unter stetigem Umrühren Gemüsebrühe und Sojamilch hinzugeben. Weiterrühren, bis die Paste sich aufgelöst hat. Sojasoße und Salz nach Geschmack hinzufügen. Deckel auflegen, die Hitze auf hohe Stufe stellen und die Suppe zum Kochen bringen (5–6 Minuten). Sobald die Suppe kocht, die Hitze auf mittlere Stufe stellen, grüne Frühlingszwiebelringe hinzugeben. Nach Belieben mit den Würzmitteln abschmecken. Das restliche Sesamöl oder Rayu hinzugeben. Gründlich mischen und vom Herd nehmen. Deckel auflegen, damit die Suppe nicht zu schnell abkühlt.

Anrichten und servieren: In die beiden Bowls mit Ramennudeln und blanchiertem Gemüse je die Hälfte von Tofu, Pilzen und Mais geben; jeweils die Hälfte der Suppe in die Schalen gießen. Mit Frühlingszwiebeln und Sesam bestreuen. Zum Schluss kommt ein großzügiger Spritzer Rayu oder Sesamöl darauf. Sofort und noch heiß genießen.

Anmerkung: **Chinesische Sesampaste ist nicht dasselbe wie Tahini. Sie wird aus geröstetem weißem Sesam hergestellt und dies verleiht ihr diese hübsche hellbraune Farbe und einen etwas robusteren Geschmack. Tahini hingegen wird aus rohem weißem Sesam hergestellt, der nussiger schmeckt. Suche in Asiamärkten oder online nach der chinesischen Sesampaste. Notfalls kannst du sie durch 1 EL Erdnussbutter ohne Stückchen, 1 ½ TL zerstoßenen gerösteten Sesam und 1 TL Sesamöl ersetzen.**

Koreanischer Kimchi-Eintopf (Kimchi Jjigae)

Kimchi Jjigae hat einen besonderen Platz in meinem Herzen, hauptsächlich, weil ich Kimchi liebe und es einem Gericht so viel Tiefe und Geschmack verleihen kann. Du brauchst für dieses Rezept nur einen Topf oder einen koreanischen Dolsot (Steintopf). Brate einfach einige der Zutaten unter Rühren an, bevor du alles zusammenfügst und zum Kochen bringst. Dann wirst du ein wirklich schmackhaftes und wohltuendes Essen haben. Wenn ich es mit einer Schale gedämpftem kurzkörnigem Reis genieße, bin ich wieder in diesen bitterkalten Wintern in Seoul …

Für 4 Portionen
Vorbereitung: 10 Minuten
Kochzeit: 20 Minuten

Tofu
200 g fester oder extrafester Tofu

Suppenpaste
1 ½ EL Gochugaru (koreanisches Chilipulver; Menge je nach gewünschter Schärfe)
2 EL Sojasoße
2 TL Gochujang (koreanische Chilipaste)
½ TL Knoblauch, gehackt
1 Prise schwarzer Pfeffer aus der Mühle
1 EL Hon Mirin oder Mirin

Suppengrundlage und Toppings
1 EL Sesamöl
1 mittelgroße weiße Zwiebel, in Ringe geschnitten
3 Frühlingszwiebeln, in dünne Ringe geschnitten, plus etwas mehr für das Topping
160 g veganes Kimchi, am besten gereift (Rezept zum Selbstmachen auf S. 160)
4 mittelgroße frische Shiitakepilze, in Scheiben geschnitten
200 g Enokipilze, voneinander getrennt
720 ml Gemüsebrühe oder Wasser
Salz (optional)

Zum Servieren
gedämpfter kurzkörniger Reis
zusätzliches Kimchi (optional)

Tofu vorbereiten: Den Tofu mindestens 10 Minuten auspressen, damit die überschüssige Flüssigkeit abläuft (weitere Details siehe S. 13), dann in 2,5 cm dicke Scheiben schneiden.

Suppenpaste zubereiten: In einer kleinen Schale die Zutaten für die Suppenpaste miteinander zu einer gut verbundenen Masse vermischen. Beiseitestellen.

Suppengrundlage zubereiten: Einen mittelgroßen Topf oder einen koreanischen Steintopf (oder Keramiktopf) auf mittlerer Stufe erhitzen und dann das Sesamöl hineingeben. Zwiebeln und Frühlingszwiebeln hinzufügen und 2–3 Minuten unter Rühren anbraten, bis die Zwiebelringe glasig sind und alles gar ist. Kimchi und Suppenpaste hinzugeben und 2 Minuten unter Rühren braten. Zwiebeln und Tofu hinzufügen; man kann sie auch rings im Topf anrichten, falls man möchte. Gemüsebrühe zugießen. Deckel auflegen und die Suppe auf mittlerer bis hoher Stufe zum Kochen bringen (5–6 Minuten).

Sobald die Suppe kocht, Hitze auf Köcheln reduzieren. Abschmecken und, falls nötig, mit Salz nachwürzen. Wenn der Geschmack richtig ist, vom Herd nehmen und evtl. mit zusätzlichen Frühlingszwiebelringen garnieren. Den Eintopf heiß genießen, dazu gedämpften kurzkörnigen Reis und noch mehr Kimchi nach Belieben als Beilage.

Japanische Suppe mit Buchweizennudeln und Algen (Wakame Soba)

Probiere diese eher festen Nudeln einmal in einer leichten und doch richtig warmen, wohltuenden Kombubrühe mit rehydrierten Wakame (Algen), Pilzen, Frühlingszwiebelringen und Togarashi. Diese Suppe zählt auf Japanreisen zu meinen Gerichten für alle Lebenslagen. Man kann sie mit Soba- oder mit Udonnudeln zubereiten. Wenn es kalt ist, gibt es nichts Besseres als eine heiße Schale Nudeln!

Für 2 Portionen
Vorbereitung: 15 Minuten
Kochzeit: 15 Minuten

Suppe

- 2 Stück Kombu (essbarer Seetang), trocken, 12 × 12 cm groß
- 4 Shiitakepilze, getrocknet
- 200 g Buchweizen- oder Sobanudeln
- 1,4 l Gemüsebrühe oder Einweichflüssigkeit von Pilzen und Kombu
- 2 EL Sake oder Reiswein
- 60 ml Hon Mirin oder Mirin
- 60 ml Sojasoße
- ½ TL Salz oder Menge nach Geschmack

Toppings

- 2 EL Wakame, getrocknet
- kochendes Wasser zum Rehydrieren der Wakame
- rehydrierte Shiitakepilze, aus der Brühe
- etwas japanische Sieben-Gewürze-Mischung (Togarashi)
- Frühlingszwiebeln, gehackt

Suppe zubereiten: Kombu und getrocknete Shiitakepilze über Nacht in einer mittelgroßen Schale und bedeckt mit lauwarmem Wasser einweichen. Falls sie nicht über Nacht einweichen können, mindestens 10 Minuten lang in kochendem Wasser rehydrieren. Nach Aufgießen des heißen Wassers unbedingt einen Deckel auflegen, damit der Dampf nicht abzieht. Das Einweichwasser nicht entsorgen.

In einem mittelgroßen Topf Wasser zum Kochen bringen und die trockenen Nudeln hineingeben. 1–2 Minuten kürzer kochen als in der Packungsanweisung angegeben; die Nudeln sollten noch eher hart und bissfest sein. Die Nudeln schnell aus dem Wasser nehmen und unter kaltem Wasser abspülen, um die überschüssige Stärke zu entfernen. Die Nudeln auf 2 Bowls verteilen und beiseitestellen. Das Wasser aus dem Topf wegschütten.

In denselben Topf Kombu und Shiitakepilze mitsamt dem Einweichwasser geben. Deckel auflegen und diese Brühe auf mittlerer bis hoher Stufe zum Kochen bringen, dann Sake, Mirin, Sojasoße und Salz nach Belieben hinzugeben. Weitere 6–7 Minuten kochen.

Toppings vorbereiten: Während die Suppe kocht, die getrocknete Wakame in einer kleinen Schüssel mit kochendem Wasser übergießen und 2–3 Minuten rehydrieren, bis sie ihr Volumen vervierfacht hat. Das Wasser abgießen.

Kombu und Pilze aus der Brühe nehmen, evtl. in Streifen schneiden und mit den Nudeln servieren.

Die Bowls anrichten: Wakame mit den Shiitakepilzen und dem Kombu auf die Nudeln geben. Die heiße Brühe über die Nudeln gießen und Sieben-Gewürze-Mischung sowie Frühlingszwiebeln daraufgeben. Sofort genießen, wenn die Suppe heiß ist und die Nudeln noch bissfest sind.

Geschmorter Tofu und Pilze in Ingwer-Frühlingszwiebel-Soße

Für dieses Rezept koche ich Tofu und Pilze in einer reichhaltigen, aromatischen Ingwer-Frühlingszwiebel-Soße, bis jedes Stück den Geschmack aufnimmt. Dies ist eines der chinesischen Gerichte, die wir zu Hause oft in einem Tontopf kochen und direkt nach dem Kochen servieren. Die Soße ist voller Geschmack und passt gut zu Gemüsegerichten wie chinesischen grünen Bohnen mit »Schweinehack« (S. 112) und gefüllten chinesischen Auberginen (S. 116).

Für 4 Portionen
Vorbereitung: 15 Minuten
Kochzeit: 30 Minuten

Tofu und Pilze
600 g extrafester Tofu
6 Shiitakepilze, frisch oder getrocknet und rehydriert
4 EL Maisstärke
¾ TL Salz
neutrales Öl zum Braten

Soße
1 EL Sesamöl
etwa 10 g frischer Ingwer, in dünne Scheiben geschnitten
4 Knoblauchzehen, geschält, zerkleinert und zerdrückt
2 Frühlingszwiebeln, in 5 cm lange Streifen geschnitten
1 EL Shaoxing-Wein oder trockener Sherry
480 ml Gemüsebrühe oder Pilzwasser (falls getrocknete Pilze verwendet werden)
3 EL Sojasoße oder Menge nach Geschmack
1 EL Rohrzucker
¼ TL weißer Pfeffer aus der Mühle
1 ½ TL Maisstärke
1 EL Wasser, zimmerwarm
gedämpfter Reis zum Servieren

Tofu und Pilze vorbereiten: Den Tofu mindestens 10 Minuten auspressen, damit die überschüssige Flüssigkeit abläuft (weitere Details siehe S. 13); dann in 5 cm große Würfel schneiden.

Pilze in etwa 1,5 cm dicke Stücke schneiden. Die harten Stiele, falls nötig, entsorgen. Pilze für die Soße beiseitestellen.

In einer flachen Schale oder einem Teller Maisstärke und Salz vermischen. Die Tofuwürfel einzeln hineingeben und gleichmäßig mit dem Gemisch überziehen.

Eine große antihaftbeschichtete Pfanne auf mittlerer bis hoher Stufe erhitzen. So viel Öl hineingeben, dass der Pfannenboden bedeckt ist. Wenn das Öl sehr heiß ist und kleine Bläschen aufsteigen, den in Maisstärke gewendeten Tofu hineingeben. Die Tofuwürfel braten – dabei alle 2 Minuten wenden –, bis sie von allen Seiten goldbraun und knusprig sind (etwa 10 Minuten insgesamt). Tofu aus der Pfanne nehmen und in ein Sieb oder auf einen mit Küchenpapier ausgelegten Teller geben, damit das überschüssige Öl abtropft.

Die Soße zubereiten: Während der Tofu in der Pfanne gebraten wird, einen großen Tontopf oder normalen Topf auf mittlerer Stufe erhitzen. Sesamöl hineingeben. Ingwer, Knoblauch und Frühlingszwiebeln unter Rühren anbraten, bis es aromatisch duftet (etwa 3 Minuten). Pilze hinzugeben. Die Hitze auf mittlere bis hohe Stufe erhöhen und dann den Wein zugießen. Etwa 1 Minute kochen, bis die Flüssigkeit verdampft. Brühe, Sojasoße, Zucker, Pfeffer und gebratenen Tofu hinzufügen. Die Hitze auf mittlere Stufe reduzieren und die Soße langsam zum Kochen bringen (etwa 4 Minuten).

In einer kleinen Schale Maisstärke und Wasser verrühren. Den Stärkebrei ins Tofugemisch einrühren. Weiter auf mittlerer Stufe köcheln lassen und gelegentlich umrühren, bis die Soße eindickt (etwa 3 Minuten). Den Tofu 2–3 weitere Minuten kochen lassen, damit er die Aromen aufnimmt. Die Soße wird auch durch den Maisstärkeüberzug der Tofuwürfel weiter eindicken. Heiß mit einer Schale gedämpftem Reis servieren.

Tofu in Tomatensoße nach philippinischer Art (Afritada)

Afritada ist ein philippinisches Gericht, normalerweise mit Fleisch, das in einer üppigen Tomatensoße mit Kartoffeln, Karotten, Paprikaschoten und manchmal sogar Erbsen und Würstchen gekocht wird. Da die Philippinen über 300 Jahre lang eine spanische Kolonie waren, finden sich in der philippinischen Küche viele Gerichte mit spanischem Ursprung. Ich bin mit einer Vielfalt an tomatenbasierten Gerichten wie diesem groß geworden und ich esse sie unheimlich gern auf Reis. Diese Version mit Tofu schmeckt genauso gut und aromatisch – damit tränke ich meinen Reis am liebsten löffelweise!

Für 4 Portionen
Vorbereitung: 20 Minuten
Kochzeit: 30 Minuten

450 g extrafester Tofu
1 EL Zitronensaft, frisch gepresst
3 EL Sojasoße
1 kleine rote oder weiße Zwiebel
2 kleine Paprikaschoten (rot und grün), ohne Kerne
1 mittelgroße Karotte, geschält
1 große Kartoffel, geschält
2 EL neutrales Öl
2 Knoblauchzehen, gehackt
480–720 ml Gemüsebrühe (nach Bedarf, zum Verdünnen der Soße)
2 EL Tomatenmark
2 EL Kokoszucker oder anderer Zucker, Menge nach Geschmack
Salz und schwarzer Pfeffer aus der Mühle
30 g grüne Erbsen, frisch oder tiefgekühlt (optional)
gedämpfter Reis oder deine Lieblingskörner, gekocht, zum Servieren

Den Tofu mindestens 10 Minuten auspressen, damit die überschüssige Flüssigkeit abläuft (weitere Details siehe S. 13); dann in 2,5 cm dicke Würfel oder Rechtecke schneiden. In einer großen Schüssel Zitronensaft und 1 EL Sojasoße verrühren. Tofu hineingeben und mindestens 10 Minuten marinieren.

Zwiebel, Paprikaschoten, Karotte und Kartoffel wie den Tofu in 2,5 cm große Stücke schneiden.

Eine antihaftbeschichtete Pfanne auf mittlerer bis hoher Stufe erhitzen und dann das Öl hineingeben. Tofustücke in die Pfanne geben und in ungefähr 2 Minuten auf einer Seite braun und knusprig braten. Tofu wenden und die anderen Seiten knusprig braten, insgesamt etwa 10 Minuten. Herausnehmen und beiseitestellen.

Zwiebeln und Knoblauch in die Pfanne geben und auf mittlerer bis hoher Stufe 1 Minute unter Rühren anbraten. Paprikastücke hinzugeben und weitere 2 Minuten unter Rühren braten. Dann zunächst 480 ml Gemüsebrühe zusammen mit den restlichen 2 EL Sojasoße, Tomatenmark und Zucker hineingeben. Karottenstücke hinzufügen.

Deckel auflegen und auf hoher Stufe zum Kochen bringen. Deckel abnehmen und die Karotten 4–5 Minuten kochen, schließlich die Kartoffelstückchen hinzugeben. Ungefähr 5 Minuten weiterkochen, bis beides halb gar ist. Nun den gebratenen Tofu hinzufügen. Die Hitze auf mittlere bis hohe Stufe verringern und weiterköcheln lassen; alle 2–3 Minuten umrühren, damit die Soße nicht am Pfannenboden ansetzt. Die Soße kosten und mit Salz und Pfeffer abschmecken.

Wenn Kartoffeln und Karotten gar sind, die grünen Erbsen hinzugeben (falls verwendet). Soße mit 120–240 ml Brühe (je nach Bedarf) verdünnen und alles erneut zum Kochen bringen.

Nach Belieben Salz und Pfeffer oder Zucker hinzugeben. Vom Herd nehmen und das Afritada zusammen mit Reis genießen.

Thailändisches grünes Curry

Ein duftendes, scharfes und cremiges Curry mit ganz viel Tofu und Gemüse! Dies ist eines der Rezepte, bei dem du als Gemüse auswählen kannst, was immer du magst. Aubergine ist meiner Meinung nach jedoch unverzichtbar in thailändischen Currys. Außerdem ist es wichtig, die Currypaste zu braten, bevor man sie in die Kokosmilch einrührt, damit ihr Aroma freigesetzt wird und man den bestmöglichen Geschmack bekommt!

Für 3 Portionen
Vorbereitung: 10 Minuten
Kochzeit: 20 Minuten

Tofu und Curry

200 g extrafester Tofu
1 EL neutrales Öl zum Anbraten
2 Knoblauchzehen, gehackt
2 TL frischer Ingwer, gerieben
3–4 EL grüne Currypaste (Menge nach gewünschter Schärfe)
400 ml vollfette Kokosmilch aus der Dose
120 ml Gemüsebrühe plus etwas mehr zum Verdünnen
1 TL Sojasoße oder vegane Fischsoße (Rezept zum Selbstmachen auf S. 163)
1 ½ EL Kokoszucker oder Menge nach Geschmack
1 mittelgroße chinesische Aubergine, in 4 cm große Stücke geschnitten
200 g junge Maiskolben, frisch oder aus der Dose, der Länge nach halbiert
1 kleine rote Paprikaschote, ohne Kerne, in Streifen geschnitten
15 Thaibasilikum- oder Tulsiblätter (indisches oder Heiliges Basilikum)

Zum Servieren

gedämpfter Jasminreis
frisches Koriandergrün zum Garnieren (optional)
frischer Limettensaft (optional)

Tofu und Curry vorbereiten: Den Tofu mindestens 10 Minuten auspressen, damit die überschüssige Flüssigkeit abläuft (weitere Details siehe S. 13); in 2,5 cm große Würfel schneiden. Beiseitestellen.

Einen großen Topf auf mittlerer bis hoher Stufe erhitzen und Öl hineingeben. Sobald es heiß ist, Knoblauch und Ingwer 2 Minuten unter Rühren anbraten. Currypaste hinzugeben und weitere 2–3 Minuten unter stetigem Umrühren anbraten, bis es sehr stark aromatisch duftet. Kokosmilch und Gemüsebrühe hinzugeben. Gründlich umrühren, damit die Paste sich auflöst. Das Curry mit Sojasoße oder Fischsoße und Zucker würzen. Die Hitze auf mittlere Stufe reduzieren und ungefähr 4 Minuten köcheln lassen, bis es leise blubbert.

Sobald kleine Blasen aufsteigen, den Tofu, Auberginenstücke, Maiskölbchen und Paprikastreifen hinzugeben. Umrühren, dann Deckel auflegen und weitere 5 Minuten kochen, bis das Gemüse weich ist.

Das Curry kosten und je nach erwünschter Salzigkeit und Süße abschmecken. Falls gewünscht, zusätzliche Gemüsebrühe hinzugeben, um das Curry zu verdünnen. Vom Herd nehmen und Thaibasilikumblätter untermischen. Heiß mit gedämpftem Reis servieren. Nach Belieben mit Koriandergrün und einem Spritzer Limette garnieren.

Geschmortes »Schweinefleisch« (Lu Rou Fan)

Diesen Klassiker habe ich meine ganze Kindheit und Jugend über gern gegessen. Er erinnert mich an die Mahlzeiten, bei denen ich in bescheidenen Lokalen im Freien am Straßenrand in Taipeh saß, eine Bowl mit warmem Lu Rou Fan vor der Nase. Diese vegane Version spart nicht am Geschmack: Tofuhack in einer aromatischen Mischung aus Gewürzen und anderen Würzmitteln gekocht. Ich esse es gern auf gedämpftem Reis mit eingelegtem Chinesischen Senfkohl als Beilage. Man braucht es gar nicht dazusagen: Es ist Wellness in der Bowl.

Für 3 Portionen
Vorbereitung: 15 Minuten
Kochzeit: 30 Minuten

Geschmortes Tofu-»Schweinefleisch«

400 g extrafester Tofu
2 EL neutrales Öl
2 EL dunkelbrauner Zucker oder Menge nach Geschmack
1 kleine Schalotte, fein gewürfelt
3 Knoblauchzehen, gehackt
225 g frische Shiitakepilze, fein gewürfelt
3 EL Sojasoße
⅛–¼ TL Szechuanpfefferpulver (optional, für mehr Schärfe)
2 EL Shaoxing-Wein oder trockener Sherry
1 TL chinesisches Fünf-Gewürze-Pulver
¼ TL weißer Pfeffer aus der Mühle
1 TL dunkle Sojasoße (optional, wegen der Farbe)
360 ml Gemüsebrühe
1 EL Maisstärke
2 EL Wasser, zimmerwarm

Zum Servieren

gedämpfter Reis
Frühlingszwiebeln, gehackt
eingelegter Chinesischer Senfkohl (Sui Mi Ya Cai) oder blanchierter Pak Choi

Tofu-»Schweinefleisch« vorbereiten: Den Tofu mindestens 10 Minuten auspressen, damit die überschüssige Flüssigkeit abläuft (weitere Details siehe S. 13). Tofu in eine Schüssel geben und mit den Händen oder einer Gabel zerkrümeln, bis er wie Hackfleisch aussieht. Beiseitestellen.

Eine große Pfanne oder einen Wok auf mittlerer bis hoher Stufe erhitzen, das Öl hineingeben und 2–3 Minuten heiß werden lassen. Dann die Hitze auf mittlere Stufe verringern und den braunen Zucker hineingeben. Gut verrühren, bis sich der Zucker auflöst und karamellisiert (ungefähr 3 Minuten).

Schalotten und Knoblauch hineingeben. 2 Minuten im Zuckergemisch unter Rühren anbraten, bis die Schalotten glasig und leicht gebräunt sind. Die gewürfelten Pilze hinzugeben und 2 Minuten bei mittlerer bis hoher Stufe garen.

Die Hitze erhöhen, dann zerkrümelten Tofu hinzugeben. Mit Sojasoße, Szechuanpfeffer, Wein, Fünf-Gewürze-Pulver, Pfeffer und dunkler Sojasoße (falls verwendet) würzen. Gründlich vermengen, bis der Alkohol verdampft. Die Hitze wieder verringern. Den Tofu weiterbraten und alle 2–3 Minuten wenden, damit die Seiten gleichmäßig kross werden. Der Tofu wird im Laufe des Anbratens, wenn das Wasser verdampft, allmählich aussehen wie Hackfleisch (insgesamt etwa 8 Minuten). Wenn es so weit ist, die Gemüsebrühe zugießen und etwa 2 Minuten köcheln lassen, bis der Tofu etwas Flüssigkeit aufnimmt.

In einer kleinen Schale Maisstärke und Wasser verrühren. Den Stärkebrei unter stetigem Umrühren in das Tofugemisch gießen, bis die Soße eindickt (ungefähr 1 Minute). Die Hitze auf mittlere Stufe verringern, dann weitere 2 Minuten köcheln lassen. Falls nötig, den Tofu nachwürzen.

Vom Herd nehmen und das geschmorte Tofu-»Schweinefleisch« mit gedämpftem Reis servieren. Mit Frühlingszwiebeln garnieren und falls gewünscht als Beilage eingelegten chinesischen Senf dazu genießen.

Klassiker, asiatisch inspiriert

Dieses Kapitel ist eine Fusion von westlicher Welt und Asien. Kombiniere in einer Weizentortilla den charakteristischen sauer-scharfen Geschmack sowie den köstlich knackigen Biss von Kimchi mit salzigem Käse – und du hast eine Innovation in Gestalt von Kimchi-Quesadillas (S. 107). Ich weiß nicht, wann ich das zum ersten Mal probiert habe, aber die Säure im Kimchi gleicht die herzhafte Würze des Käses sehr gut aus. Außerdem findest du hier die vollmundigen Spaghetti »Charlie Chan« (S. 103): Stell dir einen Teller Spaghetti in einer üppigen, richtig köstlichen Soße mit Umami-Geschmack vor, dazu leckere knackig geröstete Cashewkerne. Die Rezepte in diesem Kapitel spiegeln meine Vorliebe wider, verschiedene Küchen zu kombinieren und ganz neue Erfahrungen zu kreieren. Ich hoffe, sie bereiten dir und deinem Gaumen Vergnügen.

Herzhafte Waffeln mit Frühlingszwiebeln und geröstetem Sesam

Diese Waffeln gehen auf meine Vorliebe für Frühlingszwiebel-Pfannkuchen zurück, die ich bei all meinen Besuchen in Taipeh unheimlich gern zum Frühstück oder als Snack esse. Sie sind außen knusprig und das Innere hat Biss. Ich träufle eine großzügige Menge Ahornsirup darüber. Wenn du kein Waffeleisen hast, kannst du das Rezept abändern und Pfannkuchen backen.

Ergibt 4–5 quadratische Waffeln (12 × 12 cm)
Vorbereitung: 15 Minuten
Kochzeit: 15 Minuten

Trockene Zutaten
175 g Weizenmehl
1 EL Backpulver
¼ TL chinesisches Fünf-Gewürze-Pulver
½ TL Meersalz
1 Prise weißer Pfeffer aus der Mühle (optional)

Nasse Zutaten
80 ml neutrales Öl
1 ½ EL Wasser, zimmerwarm
180 ml ungesüßte Soja- oder Hafermilch, zimmerwarm
½ TL dunkles Sesamöl
50 g Frühlingszwiebeln, gehackt, nur die grünen Teile
2 EL gerösteter Sesam

Zum Backen und Servieren
neutrales Öl zum Backen
reiner Ahornsirup zum Beträufeln
Frühlingszwiebeln, gehackt, zum Garnieren

Utensilien
Waffeleisen

Das Waffeleisen gemäß den Anweisungen des Herstellers vorheizen. In einer großen Schüssel die trockenen Zutaten vermischen, in einer mittelgroßen Schüssel die nassen Zutaten.

Die trockenen Zutaten umrühren und dabei die vermischten nassen Zutaten zugießen. So lange rühren, bis kein trockenes Mehl mehr zu sehen ist. Ein paar Klümpchen sind in Ordnung. Frühlingszwiebeln und gerösteten Sesam hinzufügen. Alles vermischen, bis es sich gut verbunden hat. Dies wird ein sehr dicker Teig.

Das vorgeheizte Waffeleisen dünn mit Öl einpinseln oder einsprühen, falls laut Gebrauchsanweisung erforderlich. 80 ml Teig (die Menge hängt von der Größe des Waffeleisens ab) in die Mitte des Waffeleisens geben. Waffeleisen schließen und backen, bis die Waffel außen knusprig und an den Rändern leicht gebräunt ist. Mit dem restlichen Teig wiederholen.

Die Waffeln mit einem großzügigen Spritzer Ahornsirup und, falls gewünscht ,mit noch mehr Frühlingszwiebeln servieren. Die pikanten und süßen Aromen genießen!

Pfannkuchen-Version

Wenn du lieber Pfannkuchen statt Waffeln machen möchtest, ändere bei den nassen Zutaten die Mengen wie folgt: 240 ml Sojamilch (zimmerwarm), 120 ml Wasser (zimmerwarm), 1 EL neutrales Öl und ½ TL Sesamöl.

Dies ergibt einen dünneren Teil verglichen mit dem Waffelteig. Zum Backen einfach eine kleine oder mittelgroße antihaftbeschichtete Pfanne auf mittlerer Stufe erhitzen. Wenn sie heiß ist, das Öl und 60 ml Teig hineingeben und 3–4 Minuten backen, bis Bläschen zu sehen sind und die Ränder des Pfannkuchens allmählich trocken werden. Wenden und weitere 2–3 Minuten backen. Diesen Schritt mit dem restlichen Teig wiederholen und ungefähr 10 Pfannkuchen zu je 10 cm Durchmesser backen.

Spaghetti »Charlie Chan«

Hier stelle ich dir eine vegane Variante der berühmten Charlie-Chan-Pasta von der philippinischen Pizzakette Yellow Cab vor. Vor Jahren habe ich das Original kennengelernt – danach ging ich oft hin und aß es immer und immer wieder. Stell dir ein herzhaftes Nudelgericht vor, nur besser: Es ist köstlich umami mit einem Schärfekick von der Soße, einer erdigen Note von den Pilzen und mit dem knackigen Biss der Cashewkerne.

Für 3 Portionen
Vorbereitung: 10 Minuten
Kochzeit: 20 Minuten

Soße

- 3 EL Sojasoße
- 2 ½ EL Hoisinsoße
- 180 ml Wasser
- 1 EL Shaoxing-Wein oder trockener Sherry
- 2 ½ EL Rohrzucker oder Menge nach Geschmack
- 2 EL Sesamöl
- 1 ½ TL Chiliflocken
- ¼ TL Salz
- 1 EL Maisstärke
- 2 EL Wasser, zimmerwarm

Nudeln

- 220 g Spaghetti oder andere Nudeln nach Wahl, trocken
- 2 EL dunkles Sesamöl
- 3 Knoblauchzehen, gehackt
- 1 kleine Zwiebel, gewürfelt
- 15 g Frühlingszwiebeln, gehackt, plus etwas mehr zum Garnieren
- 200 g frische Shimejipilze oder andere Pilze nach Wahl
- 35 g geröstete Cashewkerne

Soße vorbereiten: In einer kleinen Schüssel Sojasoße, Hoisinsoße, Wasser, Wein, Zucker, Sesamöl, Chiliflocken und Salz vermischen. Die Mengen je nach erwünschtem Geschmack anpassen. Beiseitestellen. In einer zweiten kleinen Schüssel Maisstärke und Wasser zu einem Brei vermischen und auch beiseitestellen.

Die Nudeln zubereiten: In einem mittelgroßen Topf Wasser auf hoher Stufe zum Kochen bringen, die Nudeln hineingeben und gemäß Packungsanweisung kochen, bis sie al dente und noch sehr fest sind, denn sie werden zusammen mit der Soße weiterkochen. Nudeln abgießen.

Während die Nudeln kochen, eine große Pfanne (sie kann antihaftbeschichtet sein) auf mittlerer bis hoher Stufe erhitzen. Öl hineingeben. Wenn das Öl heiß ist, Knoblauch, Zwiebeln und Frühlingszwiebeln 1 Minute unter Rühren anbraten. Sobald es aromatisch duftet, die Pilze hinzufügen und in ungefähr 3 Minuten weich braten. Die Soße dazugießen und auf mittlerer Stufe zum Kochen bringen.

Wenn die Soße kocht, den Stärkebrei gut mischen und zur Soße geben; dabei stetig umrühren, bis die Soße allmählich dick wird.

Die gekochten Nudeln hinzugeben und 2–3 Minuten auf hoher Stufe weiterköcheln lassen, bis sie etwas Soße aufgenommen haben. Gut umrühren und schließlich die gerösteten Cashewkerne hinzugeben. Falls gewünscht, noch mehr Frühlingszwiebeln daraufgeben. Heiß genießen.

Miso-Pilzburger

Die Miso-Pilzburger sind ausgesprochen erdig. Das Miso verleiht den proteinreichen Bratlingen eine zusätzliche umami Schicht, so werden sie richtig herzhaft und wohlschmeckend. Die Bratlinge kannst du als Burger oder mit Soße und Kartoffelpüree genießen.

Für 4 Bratlinge
Vorbereitung: 15 Minuten
Kochzeit: 30 Minuten

Miso-Pilzbratlinge
1 EL neutrales Öl
1 kleine Zwiebel, gewürfelt
4 Knoblauchzehen, gehackt
450 g frische Shiitakepilze, Riesenchampignons (Portobello) oder junge Champignons, in Scheiben geschnitten
1 EL Sojasoße
¼–½ TL Salz plus etwas mehr zum Abschmecken
280 g brauner oder schwarzer Reis, gekocht
3 EL weiße Misopaste
⅛ TL schwarzer Pfeffer aus der Mühle
40 g japanisches oder Panko-Paniermehl
35 g Weizenmehl plus etwas mehr, falls benötigt
1 TL Sesam, geröstet
neutrales Öl zum Braten

Sriracha-Mayonnaise
3 EL vegane Mayonnaise
1 EL Sriracha (Menge der gewünschten Schärfe anpassen)
1 TL gerösteter Sesam

Zum Servieren als Burger
Salatblätter
Tomaten, in Scheiben geschnitten
Zwiebel, in Ringe geschnitten
4 Burgerbrötchen

Bratlinge vorbereiten: Eine große antihaftbeschichtete Pfanne auf mittlerer bis hoher Stufe erhitzen, dann Öl hineingeben. Wenn das Öl heiß ist, Zwiebeln und Knoblauch 2 Minuten unter Rühren anbraten, bis es aromatisch duftet. Pilzscheiben hinzugeben. Die Hitze auf hohe Stufe stellen. Sojasoße und Salz nach Geschmack hinzugeben. Die Pilze 3 Minuten braten, bis sie weich sind. Vom Herd nehmen und 5 Minuten abkühlen lassen.

Pilze mit gekochtem Reis, Misopaste und Pfeffer in eine Küchenmaschine geben. Verarbeiten oder intervallmixen, bis die Pilze zerkleinert sind und sich gut mit dem Reis vereint haben. Nicht zu stark verarbeiten, die Pilze etwas stückig lassen. Das Gemisch in eine große Schüssel geben und dann Paniermehl, Mehl und Sesam hinzufügen. Alles mit einem Spatel gründlich vermengen, bis die Masse gut gemischt ist. Abschmecken und evtl. nachsalzen.

150 g des Gemischs zu einem Bratling formen. Wenn er nicht gut zusammenhält, gern noch 1–2 EL Mehl hinzugeben. Die Masse zu einer Kugel formen und vorsichtig mit der Handfläche zu einem 2,5 cm dicken Bratling flach drücken. Mit der restlichen Masse wiederholen. Die Bratlinge nach Belieben formen.

Dieselbe große antihaftbeschichtete Pfanne auf mittlerer bis hoher Stufe erhitzen. So viel Öl hineingeben, dass der Pfannenboden bedeckt ist. Wenn das Öl heiß ist und Bläschen aufsteigen, die Bratlinge vorsichtig in die Pfanne setzen. Die erste Seite goldbraun und knusprig braten (ungefähr 5 Minuten). Bratlinge wenden und die andere Seite wiederum in 5 Minuten braun und knusprig braten. Vom Herd nehmen und Bratlinge aus der Pfanne nehmen.

Sriracha-Mayonnaise zubereiten: In einer kleinen Schüssel einfach alle Sriracha-Mayo-Zutaten miteinander vermischen. Die Sriracha-Menge je nach gewünschter Schärfe anpassen.

Die Burger anrichten: Jedes Brötchen mit Salat, Tomaten, Zwiebeln und Sriracha-Mayonnaise sowie einem Bratling füllen. Sei ruhig kreativ mit der Füllung!

Kimchi-Quesadillas

Über diese revolutionäre Kombination komme ich gar nicht hinweg: Kimchi und veganer Käse. Kimchi besitzt diesen etwas knackigen, säuerlichen Geschmack, der den salzigen Käse perfekt ergänzt. Ich bestreiche die Tortilla-Wraps mit etwas Gochujang, damit sie noch mehr Schärfe und Aroma bekommen, und gebe auch gehackten Knoblauch und gerösteten Sesam hinzu. Sie werden in der Pfanne knusprig gebraten und sind unglaublich lecker, ein perfekter Snack!

Für 8 Stück
Vorbereitung: 10 Minuten
Kochzeit: 15 Minuten

2 Tortilla-Wraps, 20 cm groß
1 EL Gochujang (koreanische Chilipaste)
1 TL Sesam, geröstet
2 Knoblauchzehen, gehackt
120 g veganer Mozzarella oder Cheddar, gerieben
160 g veganes Kimchi (Rezept zum Selbstmachen auf S. 160)
1 EL neutrales Öl zum Braten

Tortilla-Wraps auf einem Teller oder einer Arbeitsfläche ausbreiten. Die Hälfte des Gochujang auf jeweils eine Hälfte der Wraps streichen. Mit geröstetem Sesam und gehacktem Knoblauch bestreuen. Die Hälfte des geriebenen Käses auf je einer Hälfte der Wraps verteilen. Jeweils die Hälfte des Kimchi auf den Käse geben und die Wraps in der Mitte umschlagen.

Eine große antihaftbeschichtete Pfanne auf mittlerer Stufe erhitzen und das Öl hineingeben. Die beiden zusammengefalteten Tortilla-Wraps vorsichtig in die Pfanne legen und mit einem Spatel hinunterdrücken. 4–5 Minuten braten, bis sie goldbraun und knusprig sind. Die Quesadillas wenden und mit der anderen Seite wiederholen. Vom Herd nehmen und Quesadillas auf einen Teller legen.

Beide Quesadillas in je 4 Stücke schneiden (insgesamt 8) und noch heiß servieren!

Anmerkung: Du kannst die Quesadillas zusätzlich zu Käse und Kimchi auch noch mit anderen Leckereien füllen, z. B. mit schwarzen Bohnen und klein geschnittenen Jalapeños!

Süß-scharfe Blumenkohlhappen

Diese knusprigen Blumenkohlhäppchen im Ausbackteig und mit süß-scharfer Soße esse ich gern zwischendurch! Du kannst die Blumenkohlstückchen braten, aber auch backen. Diese Zubereitung gehört zu meinen Favoriten für Blumenkohl.

Für 3 Portionen
Vorbereitung: 30 Minuten
Kochzeit: 25 Minuten

Soße
1–2 EL Gochujang (koreanische Chilipaste) oder eine andere Chilisoße nach Wahl (Menge je nach gewünschter Schärfe)
120 ml Gemüsebrühe oder Wasser, zimmerwarm
2 EL reiner Ahornsirup (oder ein anderes flüssiges Süßungsmittel) oder Menge nach Geschmack
80 ml Tomatenketchup
1 EL Sojasoße
1 TL Apfelessig
2 TL Knoblauch, gehackt
1 EL Sesamöl
1 EL Maisstärke

Blumenkohl
45 g Weizenmehl
1 EL Maisstärke
1 TL Backpulver
1 TL Salz
120 ml Wasser, zimmerwarm
55–85 g japanisches oder Panko-Paniermehl plus etwas mehr nach Bedarf
450 g Blumenkohlröschen (von 1 großen Kopf)
neutrales Öl zum Kochen
Sesam zum Garnieren
Frühlingszwiebel, gehackt, zum Garnieren

Soße zubereiten: In einer mittelgroßen Schüssel alle Soßenzutaten miteinander vermischen. Die Mengen von Chilipaste und anderen Zutaten nach Geschmack anpassen. Beiseitestellen.

Blumenkohl vorbereiten: In einer großen Schüssel Mehl, Maisstärke, Backpulver, Salz und Wasser zu einem glatten Ausbackteig vermischen. Paniermehl in eine mittelgroße Schüssel oder auf einen Teller geben.

Ein Blumenkohlröschen in den Teig tauchen und gut damit überziehen. Ins Paniermehl geben und das Paniermehl an den Blumenkohl drücken, bis das Röschen ringsherum bedeckt ist. Dann auf einem anderen Teller beiseitestellen. Mit den restlichen Röschen wiederholen, bis alle Stücke paniert sind.

In einer großen Pfanne so viel Öl auf hoher Stufe erhitzen, dass die Blumenkohlröschen mindestens zur Hälfte eintauchen. Wenn das Öl heiß ist und zischt, wenn man etwas Paniermehl hineingibt, die panierten Blumenkohlröschen hineingeben und braten, bis sie goldbraun sind; dabei ungefähr alle 2 Minuten bewegen, damit alle Seiten gebräunt werden (insgesamt ungefähr 5 Minuten). Wenn die Blumenkohlröschen goldbraun sind, in ein Sieb oder auf einen mit Küchenpapier ausgelegten Teller geben, damit überschüssiges Öl abläuft.

Alternativ den Ofen auf 180 °C Ober-/Unterhitze (Umluft: 160 °C) vorheizen und ein Backblech mit Backpapier oder einer Silikonmatte auslegen. Panierten Blumenkohl auf das vorbereitete Blech legen und jedes Stück mit etwas Öl einpinseln. 35–40 Minuten backen bzw. so lange, bis sie knusprig sind; nach der Hälfte der Backzeit wenden.

Optional kann man den Blumenkohl in der Soße kochen: Nach dem Ausbacken des Blumenkohls das Öl aus der Pfanne entfernen und die Pfanne auf mittlerer Stufe aufsetzen. Wurde der Blumenkohl im Ofen gebacken, einen mittelgroßen Topf auf mittlerer Stufe erhitzen. Soße hineingeben und köcheln lassen, dabei ständig rühren, bis die Soße eindickt (3–4 Minuten). Dann die Hitze herunterstellen und den Blumenkohl hineingeben. Vermengen und mit der Soße überziehen. Alternativ den Blumenkohl nicht in die Soße geben, sondern die Soße kochen, bis sie eindickt. Dann in eine Schüssel füllen und als Dip für den Blumenkohl verwenden – oder den gebräunten Blumenkohl direkt vor dem Servieren hineinrühren, damit die Stücke knusprig bleiben.

Den Blumenkohl mit Sesam und Frühlingszwiebeln garnieren.

Einfaches, sättigendes Gemüse und Beilagen

Ich glaube, wir sind uns alle einig, dass Gemüse mehr Anerkennung verdient. Es enthält nicht nur unglaublich viele Nährstoffe, es ist auch so vielfältig in Form und Größe, dass es bei guter Zubereitung selbst ein Hauptgericht werden kann. Ich hoffe, dass du mit den Rezepten in diesem Kapitel neue Möglichkeiten der Zubereitung für dein Gemüse entdeckst und es noch lieber magst!

Wenn grüne Bohnen fettfrei in einem brutzelnden heißen Wok gebraten werden, können sie wunderschön Blasen werfen und diesen einzigartigen rauchigen Geschmack und die köstliche Knusprigkeit annehmen. Bereitet man sie mit Tofuhack oder »Schweinefleisch« zu, wie ich es für den bei meiner ganzen Familie beliebten Klassiker, die chinesischen grünen Bohnen mit »Schweinehack« getan habe (S. 112), werden sie noch schmackhafter. Es gibt auch Pilze, bescheidene kleine Wesen mit einer in gewisser Weise fleischlichen Textur, die voller erdiger Umami-Aromen sind und beim koreanischen Pilz-Bulgogi (S. 120) eine perfekte Hauptzutat darstellen, zu genießen mit Gemüsebeilagen (Banchan) nach Wunsch und natürlich mit Reis. Andere Gemüsesorten wie Aubergine, Paprikaschote und Kartoffel wollen wir auch nicht vergessen. In einer köstlichen Soße gekocht und zusammen serviert, können sie ganz leicht ein Lieblingsgericht werden.

Chinesische grüne Bohnen mit »Schweinehack«

Hier werden grüne Bohnen in der Pfanne gebraten, bis die Haut Blasen wirft, und anschließend mit Tofuhack vermengt, das in einer duftenden Mischung aus Ingwer, Chili-Knoblauch-Öl und geröstetem Sesam gebraten wurde. Dieses einfache pfannengerührte Gericht gehört zu den Speisen, mit denen ich groß geworden bin. Es steckt superviel Aroma darin! Wundere dich nicht, wenn du – wie ich – zweimal und sogar dreimal zulangst.

Für 2–3 Portionen
Vorbereitung: 10 Minuten
Kochzeit: 30 Minuten

Tofu
400 g extrafester Tofu

Grüne Bohnen
350 g frische grüne Bohnen
2 EL neutrales Öl
¼ TL Salz

»Schweinehack«
1 EL neutrales Öl
1 kleine Zwiebel, gewürfelt
½ TL Ingwer, gehackt
1 ½ TL Knoblauch, gehackt
1 ½ TL Chili-Knoblauch-Öl mit Bodensatz (Rezept zum Selbstmachen auf S. 159 oder gekauft)
1 EL Sesam, geröstet
1 ½ EL Hoisinsoße
1 TL dunkelbrauner Zucker
1 EL Sojasoße oder Menge nach Geschmack
1 TL dunkle Sojasoße
1 EL Shaoxing-Wein oder trockener Sherry (optional, aber ausdrücklich empfohlen)
Bird's-Eye-Chilischoten, ganz oder in Streifen geschnitten, zum Garnieren (optional)

Tofu vorbereiten: Den Tofu mindestens 10 Minuten auspressen, damit die überschüssige Flüssigkeit abläuft (weitere Details siehe S. 13). Tofu in eine Schüssel geben und mit den Händen oder mit einer Gabel zerkrümeln, bis er wie Hackfleisch aussieht. Beiseitestellen.

Grüne Bohnen vorbereiten: Spitzen der Bohnen mit den Händen kappen und die Bohnen in der Mitte durchbrechen, um die Fäden zu entfernen.

Eine große Pfanne (z. B. eine gusseiserne) auf mittlerer bis hoher Stufe erhitzen. Wenn sie heiß ist, das Öl hineingeben.

Auf hohe Stufe erhöhen, dann die grünen Bohnen hineingeben und 2–3 Minuten nicht bewegen, bis sie auf einer Seite gebräunt sind. Dann die Bohnen umrühren und diesen Schritt wiederholen, bis sie Blasen werfen und ein bisschen runzelig geworden sind (ungefähr 10 Minuten insgesamt). Salz auf die Bohnen streuen und gründlich mischen. Bohnen aus der Pfanne nehmen und beiseitestellen.

Das »Schweinefleisch« vorbereiten: In dieselbe Pfanne das Öl geben und die Hitze auf mittlere Stufe verringern. Zwiebeln und Ingwer unter Rühren anbraten, bis es aromatisch duftet und die Zwiebeln glasig sind (etwa 1 Minute). Gehackten Knoblauch hinzufügen und 1 weitere Minute braten, bis der Knoblauch leicht gebräunt ist.

Den zerkrümelten Tofu in die Pfanne geben. Mit Chili-Knoblauch-Öl, geröstetem Sesam, Hoisinsoße, braunem Zucker, Sojasoße und dunkler Sojasoße würzen. Gut vermengen. Die Hitze erhöhen und Wein hinzugeben (falls verwendet). Gut vermengen, während der Alkohol verdampft, dann die Hitze wieder reduzieren und den Tofu weiterbraten. Den Tofu alle 2–3 Minuten umrühren, damit die Seiten gleichmäßig kross werden. Im Laufe des Bratens, wenn das Wasser aus dem Tofu verdampft, wird er allmählich wie Schweinehackfleisch aussehen.

Sobald der Tofu wie Hackfleisch aussieht, die grünen Bohnen wieder hineingeben und weitere 3–4 Minuten braten. Vom Herd nehmen und die ganze oder in Streifen geschnittene Chilischoten hinzugeben, falls es extrascharf werden soll. Noch heiß genießen.

Japanische Gemüsepfanne (Yasai Itame)

Dies ist eine wirklich einfache japanische Gemüsepfanne, die man gemeinhin in den meisten japanischen Restaurants findet – eines dieser schnellen Gerichte, die man mit egal welchem Gemüse zusammenstellen kann, das gerade da ist. Ganz wichtig jedoch ist der Weißkohl, er macht das Gericht knackig und gibt ihm Süße. Man muss die Zutaten unbedingt bei großer Hitze in der Pfanne zubereiten, damit das Gemüse außen kross ist und beim Verzehren diesen angenehmen Biss hat!

Für 2 Portionen
Vorbereitung: 10 Minuten
Kochzeit: 10 Minuten

28 g Judasohrpilze, getrocknet (ergibt rehydriert 90 g)
2 EL neutrales Öl zum Braten
½ große weiße Zwiebel, in Ringe geschnitten
1 kleine grüne Paprikaschote, ohne Kerne und in Streifen geschnitten
½ große Karotte, geschält und gestiftelt
225 g Weißkohl, gehobelt
3 frische Shiitakepilze, in Streifen geschnitten
2 EL Sojasoße
¼ TL Salz oder Menge nach Geschmack
1 Prise schwarzer Pfeffer aus der Mühle oder Menge nach Geschmack
3 EL Gemüsebrühe oder Wasser
1 TL Reisessig (optional)
1 Frühlingszwiebel, in 5 cm lange Stücke geschnitten

Die Judasohrpilze in einer großen Schale 7–8 Minuten in heißem Wasser oder über Nacht in zimmerwarmem Wasser einweichen. Die rehydrierten Pilze in 2,5 cm große Stücke schneiden. Beiseitestellen.

Eine große Pfanne oder einen Wok auf hoher Stufe erhitzen. Öl hineingeben. Wenn das Öl heiß ist, Zwiebelringe und Paprikastreifen 2 Minuten unter Rühren anbraten, bis sie weich sind. Karotten, Weißkohl, Shiitake- und Judasohrpilze sowie Sojasoße und Salz hinzugeben. Mit schwarzem Pfeffer aus der Mühle bestreuen. Gründlich vermengen und dann Gemüsebrühe oder Wasser und Reisessig (falls verwendet) hinzugeben. Das Gemüse kochen, bis es weich ist. Nicht zu lange kochen, denn es soll außen noch knackig sein. Frühlingszwiebeln unterheben.

Das Gemüse abschmecken und evtl. mit Salz und schwarzem Pfeffer nachwürzen. Vom Herd nehmen und noch heiß servieren.

Gefüllte chinesische Auberginen

Wenn du für Auberginen eine neue Zubereitungsart außer den üblichen Methoden Backen oder Anbraten suchst, dann fülle sie doch mal! Ich liebe die samtige Textur von Auberginen und esse sie sehr gern mit einer herzhaften und aromatischen Tofufüllung. Diese Auberginen sind köstlich mit Reis oder Nudeln und die Füllung ist auch pur sehr lecker!

Für 8 Auberginen
Vorbereitung: 15 Minuten
Kochzeit: 30 Minuten

Tofu und Auberginen
250 g extrafester Tofu
900 g chinesische Auberginen (8 Stück)

Soße
240 ml Gemüsebrühe
1 EL Hoisinsoße
1 ½ EL Maisstärke
1 TL Sriracha- oder andere Chilisoße
1 EL dunkelbrauner Zucker
2 Knoblauchzehen, gehackt
1 EL Sesamöl
1 EL Shaoxing-Wein oder trockener Sherry
2 EL Sojasoße

Füllung
2 EL neutrales Öl
1 kleine weiße Zwiebel, fein gewürfelt
1 TL frischer Ingwer, gehackt
¼ TL Szechuanpfeffer aus der Mühle (optional)
½ kleine Karotte, geschält und fein gewürfelt
1 kleine rote Paprikaschote, ohne Kerne und fein gewürfelt
85 g frische Shiitake- oder andere Pilze, fein gewürfelt
2 Frühlingszwiebeln, in Ringe geschnitten, plus etwas mehr zum Garnieren
Chilischoten, in Ringe geschnitten, zum Garnieren (optional)

Tofu und Auberginen vorbereiten: Den Tofu mindestens 10 Minuten auspressen, damit die überschüssige Flüssigkeit abläuft (weitere Details siehe S. 13). Tofu in eine Schüssel geben und mit den Händen oder einer Gabel zerkrümeln, dann beiseitestellen.

Während der Tofu ausgepresst wird, alle Auberginen mit einer Gabel ringsherum 4–5 Mal einstechen. Die Auberginen in eine mikrowellengeeignete Form mit Deckel legen. Etwa 2 Minuten auf hoher Stufe in die Mikrowelle geben, bis die Auberginen außen runzlig sind und sich weich anfühlen. Auberginen wenden und wiederum abgedeckt weitere 2 Minuten auf hoher Stufe in die Mikrowelle geben. 5 Minuten abkühlen lassen. Alternativ die Auberginen in einem Topf mit Wasser in ungefähr 6 Minuten weich kochen.

Die Soße vorbereiten: In einer mittelgroßen Schüssel alle Soßenzutaten vermischen und die Mengen nach Geschmack anpassen, dann beiseitestellen.

Die Füllung zubereiten: Eine große Pfanne oder einen Wok auf mittlerer bis hoher Stufe erhitzen. Öl hineingeben. Zwiebeln, Ingwer und Szechuanpfeffer (falls verwendet) unter Rühren anbraten, bis es aromatisch duftet (etwa 2 Minuten). Den zerkrümelten Tofu, Karotten, Paprikawürfel, Pilze und Frühlingszwiebeln hinzugeben. Unter Rühren anbraten, bis Paprikastückchen und Pilze gar sind und der Tofu leicht goldbraun ist (ungefähr 4 Minuten). 2 Minuten weiterbraten, bis er etwas kross wird. Der Tofu wird mit dem Verdampfen des Wassers allmählich aussehen wie Hackfleisch.

Die Soße noch einmal gut durchmischen. Hitze auf mittlere Stufe verringern und Soße in die Pfanne gießen; gründlich umrühren, bis sie eindickt (2 Minuten). Tofu kosten und evtl. nachwürzen. Vom Herd nehmen und die Pfanne beiseitestellen.

Die Auberginen der Länge nach einschneiden und vorsichtig öffnen. In jede Aubergine eine großzügige Portion der Füllung geben. Mit Frühlingszwiebelringen und Chilistreifen garnieren, falls gewünscht. Mit Reis oder pur genießen.

Auberginen, Kartoffeln und Paprikaschoten aus der Pfanne (Di San Xian)

Di San Xian (地三鲜) wird aus dem Chinesischen wörtlich mit »drei Schätze der Erde« übersetzt. Dieses Gericht besteht aus Auberginen, Kartoffeln und Paprikaschoten. In Nordchina ist es sehr beliebt, und zwar aus gutem Grund, denn die Zutaten haben eine faszinierende Mischung an Texturen – man bekommt den Biss der Auberginen, knusprige Kartoffeln und frische, knackige Paprikaschoten.

Für 2 Portionen
Vorbereitung: 15 Minuten
Kochzeit: 20 Minuten

Soße
1 EL Shaoxing-Wein oder trockener Sherry
2 EL Sojasoße
½ TL Rohrzucker oder Menge nach Geschmack
1 TL dunkles Sesamöl
60 ml Gemüsebrühe
1 ½ TL Maisstärke

Pfannengemüse
2 mittelgroße chinesische Auberginen (insgesamt ungefähr 250 g)
1 ½ TL Salz plus etwas mehr zum Abschmecken
2 EL Maisstärke
300 g Kartoffeln, geschält
1 kleine rote Paprikaschote
1 kleine grüne Paprikaschote
3 EL neutrales Öl
2 Frühlingszwiebeln, in dünne Ringe geschnitten
3 Knoblauchzehen, gehackt
gedämpfter Reis zum Servieren

Die Soße vorbereiten: In einer kleinen Schüssel alle Soßenzutaten vermischen. Beiseitestellen.

Pfannengemüse vorbereiten: Auberginen waagerecht halbieren, dann in 2,5 cm dicke, schräge Stücke schneiden. Die Auberginen in eine große Schüssel geben. Salz hinzufügen, vermengen und die Auberginen so mit dem Salz überziehen. 10 Minuten in zimmerwarmem Wasser einweichen. Danach das Wasser abgießen und Auberginen mit Küchenpapier trocknen. Maisstärke in eine große Schüssel geben und die Auberginenstücke hineinlegen. Mit den Händen oder mit einem Löffel vermengen und gründlich mit Maisstärke überziehen.

Während die Auberginen einweichen, Kartoffeln und beide Paprikaschoten in 2,5 cm große Würfel oder Stücke schneiden. Beiseitestellen.

Eine große Pfanne oder einen Wok auf mittlerer bis hoher Stufe erhitzen. Das Öl hineingeben. Wenn es heiß ist, Kartoffeln hinzufügen. 3–4 Minuten braten, bis sie auf einer Seite leicht gebräunt sind. Kartoffeln wenden und die andere Seite auch 3–4 Minuten bräunen lassen. Wenn die Kartoffeln gar sind, aus dem Öl nehmen und beiseitestellen.

Die in Maisstärke gewälzten Auberginen in dieselbe Pfanne geben. Auf mittlerer bis hoher Stufe 4–5 Minuten braten und dabei minütlich bewegen, damit sie auf allen Seiten knusprig werden. Die Auberginen aus der Pfanne nehmen, sobald sie gar und knusprig sind.

Frühlingszwiebeln und Knoblauch in dieselbe Pfanne geben und die Hitze auf mittlere Stufe reduzieren. 2–3 Minuten unter Rühren anbraten, bis sie weich sind. Die Hitze auf hohe Stufe stellen und Paprikastücke hinzufügen. 2 Minuten braten, bis sie weich sind.

Die Hitze auf mittlere Stufe verringern. Die Soße erneut gut vermischen. Das Soßengemisch in die Pfanne geben und dabei mit einem Spatel umrühren. Weiterrühren, bis die Soße eingedickt ist (etwa 2 Minuten). Das gebratene Gemüse hinzugeben und mit der Soße vermischen. Die Hitze erhöhen und weitere 2 Minuten kochen, bis die Soße vom Gemüse aufgenommen wurde und sämig ist. Nach Belieben mit Salz abschmecken. Mit Reis warm servieren.

Koreanisches Pilz-Bulgogi

Was ich an Pilzen liebe: wie fleischig ihre Textur sein kann und wie gut sie Soßen aufnehmen! Diese Kräuterseitlinge strotzen nur so vor Aroma von der Bulgogisoße, in der das Süße und Herzhafte perfekt ausbalanciert ist. Du kannst sie in frischen Salat eingewickelt oder mit gedämpftem Reis und koreanischen Beilagen (Banchan) genießen.

Für 3–4 Portionen
Vorbereitung: 15 Minuten
Kochzeit: 20 Minuten

Pilze

450 g Kräuterseitlinge (auch Königsausternpilze genannt)

Bulgogisoße

60 ml Sojasoße
2 großzügige EL dunkelbrauner Zucker
1 ½ TL Ingwer, frisch gerieben
1 TL Gochujang (koreanische Chilipaste)
2 EL dunkles Sesamöl
3 Knoblauchzehen, gehackt
85 g Nashi-Birne, fein gerieben, oder Birnenpüree
1 TL gerösteter Sesam
1 Prise schwarzer Pfeffer aus der Mühle

Zum Kochen und Servieren

1 EL neutrales Öl
1 kleine Zwiebel, in dünne Streifen geschnitten
frischer Salat
gedämpfter Reis
veganes Kimchi (Rezept zum Selbstmachen auf S. 160)
Frühlingszwiebeln, in feine Ringe geschnitten, zum Garnieren (optional)
Sesam zum Garnieren (optional)

Pilze vorbereiten: Kräuterseitlinge waagerecht halbieren und in 7,5–10 cm lange und 2,5 cm dicke Streifen schneiden. Alternativ einfach mit den Händen zerpflücken oder auseinanderbrechen.

Die Soße vorbereiten: In einer großen Schüssel die Soßenzutaten vermischen, bis sich der Zucker aufgelöst hat. Die Mengen nach eigener Vorliebe anpassen. Pilzstreifen hinzugeben. Vermengen und die Pilze gleichmäßig mit Soße überziehen.

Pilze braten: Eine große gusseiserne Pfanne oder einen Wok auf mittlerer bis hoher Stufe erhitzen. Öl hineingeben. Wenn es heiß ist, die Zwiebeln 2–3 Minuten unter Rühren anbraten, bis sie glasig und leicht gebräunt sind. Pilze mit dem nicht aufgenommenen Rest der Soße hinzugeben. Die Pilze alle 2–3 Minuten bewegen und insgesamt 7–8 Minuten braten, bis sie die Soße aufgenommen haben und leicht gebräunt sind.

Vom Herd nehmen und heiß mit frischem Salat, gedämpftem Reis und Kimchi servieren. Wer es mag, bestreut das Gericht mit Frühlingszwiebelringen und Sesam.

Gemischte Pilze in Folie gebacken

Diese Pilze kommen in ein Körbchen aus Alufolie und werden in einer lecker umami schmeckenden Misosoße gegart. Es ist eines der Rezepte, die nur ein paar Minuten deiner Zeit brauchen und wenig Abwasch machen! Pilze und Soße musst du vorbereiten, den Rest erledigt der Backofen. Inspiration waren die Folien-Yaki, die ich in japanischen Restaurants gegessen habe. Reste kannst du einfach wieder in die Folie einwickeln und beim nächsten Mal im Ofen aufwärmen.

Für 2 Portionen
Vorbereitung: 10 Minuten
Kochzeit: 30 Minuten

Soße zum Backen
1 ½ EL Hon Mirin oder Mirin
1 EL Sojasoße plus etwas mehr zum Abschmecken
1 ½ TL weiße Misopaste

Zum Backen
1 EL vegane Butter, geschmolzen, oder neutrales Öl
1 mittelgroße weiße Zwiebel, fein geschnitten
300 g frische gemischte Pilze nach Wahl (z. B. Shiitake-, Kräuterseitlinge und Austernpilze; siehe Anmerkung)
2 TL Knoblauch, gehackt

Zum Servieren
Frühlingszwiebeln, in Ringe geschnitten
1 Zitrone, geviertelt
gekochter kurzkörniger Reis (optional)

Den Ofen auf 180 °C Ober-/Unterhitze (Umluft: 160 °C) vorheizen. Ein 30 × 45 cm großes Stück Alufolie bereitlegen. Ein mittelgroßes Backblech oder eine Auflaufform, groß genug für die Folie, bereitstellen.

Die Soße zum Backen vorbereiten: In einer kleinen Schüssel die Soßenzutaten miteinander vermischen, bis sie gut vereint sind. Die Mengen nach eigenem Geschmack anpassen.

Backblech oder Auflaufform mit der Aluminiumfolie auskleiden. Vegane Butter hinzufügen und Zwiebeln, Pilze und Knoblauch in die Mitte der Folie geben. Die Seiten der Folie vorsichtig zusammenknüllen und zu einer Art Tasche aufstellen, die nur oben offen ist. Die Außenseiten der Tasche gut verschließen, damit die Soße nicht austritt. Dann die Soße in die Pilze gießen. Die Tasche vollständig verschließen und 30–35 Minuten backen, bis die Pilze gar sind.

Die Alufolie vorsichtig öffnen, Frühlingszwiebelringe und einen Spritzer Zitronensaft darübergeben und nach Belieben Sojasoße zugießen. Heiß genießen, entweder pur oder mit einer Schale gedämpftem kurzkörnigem Reis.

Anmerkung: Es können auch Enokipilze, kleine oder größere Champignons und Shimejipilze verwendet werden!

Kung-Pao-Pilze

Diese mundgerechten Stücke von fleischigen Pilzen, in einer perfekt süß-salzig-säuerlich-scharfen Soße gekocht, wirst du lieben. Die Soße ist auch wirklich wandelbar – du kannst sie geschmacklich so anpassen, wie du es haben möchtest. Es ist eine ausgesprochen sättigende Variante des Szechuan-Klassikers, der auf der ganzen Welt ein Favorit der chinesischen Take-aways geworden ist.

Für 3–4 Portionen
Vorbereitung: 10 Minuten
Kochzeit: 20 Minuten

Pilze
450 g frische Pilze (z. B. eine Mischung aus Shiitakepilzen und Kräuterseitlingen)

Soße
2 EL Sojasoße
1 Frühlingszwiebel, in feine Ringe geschnitten
2 TL Rohrzucker oder dunkelbrauner Zucker
1 EL Chinkiang-Essig (chinesischer schwarzer Essig) oder Reisessig
60 ml Gemüsebrühe
1 ½ TL Maisstärke
½–1 TL Chili-Knoblauch-Öl (Rezept zum Selbstmachen auf S. 159)

Zum Kochen und Servieren
3 EL neutrales Öl
1 TL frischer Ingwer, gehackt
4 Knoblauchzehen, gehackt
1 kleine rote Zwiebel, gewürfelt
2 getrocknete Chilischoten oder 1 Bird's-Eye-Chilischote, in Ringe geschnitten
1 TL Szechuanpfeffer, gemahlen, oder 1 ½ TL ganze Szechuanpfefferkörner (optional)
100 g rote Paprikaschote, ohne Kerne, gewürfelt
75 g geröstete Erdnüsse
Salz nach Geschmack
Frühlingszwiebeln, in Ringe geschnitten, als Topping
gedämpfter Reis zum Servieren

Pilze vorbereiten: Die Pilze in 2 cm dicke Stücke schneiden. Beiseitestellen.

Soße vorbereiten: In einer kleinen Schüssel alle Soßenzutaten miteinander vermischen. Abschmecken und dabei die Mengen je nach erwünschten Aromen anpassen. Beiseitestellen.

Pilze braten: Eine große Pfanne oder einen Wok auf mittlerer bis hoher Stufe erhitzen. Die Hälfte des neutralen Öls hineingeben. Wenn es heiß ist, die gewürfelten Pilze hineingeben und braten, ohne umzurühren. Nach 2 Minuten die Pilze in der Pfanne bewegen. Wiederholen, bis die Pilze von allen Seiten leicht gebräunt sind (ungefähr 5 Minuten insgesamt). Die Pilze nicht zu sehr bewegen, damit sie etwas braun werden und alle überschüssige Flüssigkeit abgeben können. Pilze aus der Pfanne nehmen und beiseitestellen.

In derselben Pfanne die restlichen 1,5 EL Öl auf mittlerer bis hoher Stufe erhitzen und Ingwer, Knoblauch, rote Zwiebeln, Chilischote und (falls verwendet) Szechuanpfeffer hineingeben. Die Hitze verringern und 1 Minute braten, bis Ingwer und Knoblauch aromatisch duften. Paprikawürfel hinzugeben, die Hitze erhöhen und 2–3 Minuten braten, bis die Paprikastückchen weich sind.

Die gebratenen Pilze wieder in die Pfanne geben. Die Soße gründlich umrühren, weil die Stärke sich gern am Boden absetzt. Die Soße über die Pilze gießen und die Hitze auf mittlere Stufe verringern. Verrühren, bis die Soße die Pilze überzieht und anfängt, dick zu werden. Die gerösteten Erdnüsse hinzugeben und gründlich vermengen. Mit Salz abschmecken und mit Frühlingszwiebelringen garnieren.

Vom Herd nehmen und noch heiß mit gedämpftem Reis verzehren.

Umami Häppchen und erfrischende Salate

Diese Gerichte sind mehr als nur Vorspeisen und Salate. Für mich, die ich asiatisch aufgewachsen bin, sind die Appetizer auch in gewisser Weise zur Beilage geworden; die Koreaner genießen ihre Banchan ganz ähnlich. Die Vorspeisen servieren wir mit dem Hauptgericht, z. B. einen Salat aus zerstoßenen Gurken (S. 144) sowie knackige und erfrischende Gurkenstücke in einer säuerlichen, pikanten Soße zu herzhaft angebratenem Reis – so gleichen die frischen Gurkenstücke die intensiven Aromen im Reis aus. Tofuspieße mit Erdnuss-Satésoße (S. 132) – eingelegt in einer reichhaltigen Marinade auf Kokosmilchbasis – können mit gedämpftem Jasminreis serviert werden, so habe ich selbst sie gegessen. Die Möglichkeiten, ein Gericht zuzubereiten und zu kombinieren, sind wirklich unbegrenzt. In diesem Kapitel erfährst du, wie du kleine Häppchen aufwerten und Techniken finden kannst, sie mit einem köstlichen Geschmacksbouquet zu versehen, auch wenn es nur kleine Portionen sind.

Chinesische Salat-Cups (San Choy Bow)

Lass dir diese knackigen Salatblätter mit ihrer Füllung aus zerkrümeltem Tofu und Pilzen in einer wirklich schmackhaften, pikanten Soße schmecken! Sie gehören zu diesen gesunden und dennoch köstlichen Vorspeisen, die du im Voraus zubereiten und mit Familie und Freunden gemeinsam verspeisen kannst.

Für 8 Salat-Cups
Vorbereitung: 20 Minuten
Kochzeit: 20 Minuten

Tofu-Pilz-Füllung
400 g extrafester Tofu
6 frische Shiitakepilze
1 EL Sesamöl
1 kleine Zwiebel, gewürfelt
1 Knoblauchzehe, gehackt
½ TL frischer Ingwer, gerieben
1 kleine Karotte, fein gewürfelt
2 EL chinesischer Shaoxing-Wein oder trockener Sherry

Soße zum Braten
1 ½ TL Maisstärke
1 EL vegane Austernsoße (Rezept zum Selbstmachen auf S. 158)
1 TL Sesamöl
1 ½ EL Hoisinsoße
2 EL Wasser, zimmerwarm
1 TL dunkelbrauner Zucker
½ TL dunkle Sojasoße (wegen der Farbe; optional)

Süße Hoisinsoße (optional)
1 EL Hoisinsoße
3 EL Wasser
1 ½ TL dunkelbrauner Zucker oder Menge nach Geschmack
½ TL Maisstärke

Zum Servieren
8 schalenförmige Eisberg- oder Romanasalatblätter
2 EL Erdnüsse, zerkleinert, als Topping (optional)
Frühlingszwiebeln, in Ringe geschnitten, als Topping (optional)
Bird's-Eye-Chilischoten, in Ringe geschnitten, als Topping, (optional)
Hoisinsoße (optional)

Die Füllung vorbereiten: Den Tofu mindestens 10 Minuten auspressen, damit die überschüssige Flüssigkeit abläuft (weitere Details siehe S. 13). Anschließend Tofu in eine Schüssel geben und mit den Händen oder einer Gabel zerkrümeln.

Während der Tofu ausgepresst wird, die Soße zum Braten vorbereiten: In einer kleinen Schüssel alle Zutaten vermischen, bis sie sich gut vereint haben. Beiseitestellen.

Die Shiitakepilze in kleine, etwa 6 mm große Würfel schneiden.

Eine große Pfanne oder einen Wok auf mittlerer Stufe erhitzen. Öl hineingeben. Wenn das Öl heiß ist, Zwiebeln, Knoblauch und Ingwer 2 Minuten unter Rühren anbraten, bis es aromatisch duftet. Pilze und Karotten hineingeben. Hitze erhöhen und dann den Wein eingießen. Umrühren, nun 2–3 Minuten braten, bis die Karotten weich sind. Zerkleinerten Tofu und Soße zum Braten hinzugeben und gut umrühren. Die Hitze verringern und weiterbraten – dabei ungefähr alle 2 Minuten umrühren –, bis der Tofu trocken wird, wie Hackfleisch aussieht und leicht gebräunt ist (insgesamt ungefähr 10 Minuten). Vom Herd nehmen und Tofugemisch in eine Schüssel geben. Vor dem Servieren 10 Minuten abkühlen lassen.

Die süße Hoisinsoße zubereiten, falls verwendet: In einem kleinen Topf alle Soßenzutaten bei mittlerer Hitze miteinander verrühren. Die Zuckermenge nach Belieben anpassen, denn manche Hoisinsoßenenthalten schon recht viel Zucker. Umrühren, bis die Soße eindickt (2 Minuten), dann vom Herd nehmen und beiseitestellen.

Direkt vor dem Essen in jedes Salatblatt eine großzügige Menge des Tofugemischs geben. Falls gewünscht, mit zerkleinerten Erdnüssen, Frühlingszwiebel- und Chiliringen belegen und mit Hoisinsoße nach Wahl beträufeln. Hineinbeißen und genießen!

Koreanische Kimchi-Pfannkuchen (Kimchi Jeon)

Eines der Gerichte, auf die ich mich beim Essen in einem koreanischen Restaurant immer freue, sind die Kimchi Jeon (Kimchi-Pfannkuchen). Sie gehören dort zu den Beilagen (Banchan). Die Pfannkuchen eignen sich hervorragend zum Aufbrauchen von Kimchiresten und lassen sich auch wirklich schnell und einfach zubereiten. Wichtig ist hierbei, des allerbesten Geschmacks wegen, fermentiertes Kimchi zu nehmen. Ich kann ohne Probleme mehrmals pro Woche Kimchi-Pfannkuchen essen. Ich bereite sie in großen Chargen zu und hebe sie im Kühlschrank auf. Bei Bedarf erhitze ich sie einfach in einer Pfanne oder im Minibackofen.

Für 3 Portionen
Vorbereitung: 10 Minuten
Kochzeit: 20 Minuten

Pfannkuchenteig
140 g Weizenmehl
3 EL Maisstärke
300 ml Wasser, zimmerwarm, plus etwas mehr, falls benötigt
120 ml Kimchisaft
160 g veganes Kimchi, in 2,5 cm große Stücke geschnitten (Rezept zum Selbstmachen auf S. 160)
3 Frühlingszwiebeln, in Ringe geschnitten (optional)
¼–½ TL Salz oder Menge nach Geschmack

Soße zum Dippen
1 TL Rohrzucker oder Menge nach Geschmack
1 EL heißes Wasser
1 EL Sojasoße
1 EL Reisessig
1 TL dunkles Sesamöl
½ TL gerösteter Sesam
1 Prise Gochugaru (koreanisches Chilipulver) oder Chiliflocken (optional)
Frühlingszwiebeln, gehackt (optional)

Zum Braten
neutrales Öl

Pfannkuchenteig zubereiten: Mehl und Maisstärke in eine große Schüssel geben und gründlich vermischen; dabei langsam das zimmerwarme Wasser zugießen. Dann Kimchisaft hinzugeben und vermischen, bis die Konsistenz eines Teigs erreicht ist. Wenn der Teig zu dick ist, 1–2 EL Wasser hinzugeben. Zerkleinertes Kimchi und Frühlingszwiebelringe (falls verwendet) unterheben. ¼ TL Salz einrühren und den Teig abschmecken. Wenn das Kimchi nicht sehr salzig ist und der Teig ein wenig fade schmeckt, mehr Salz hinzugeben.

Die Soße zum Dippen zubereiten: In einer kleinen Schüssel Zucker und heißes Wasser vermischen, bis sich der Zucker aufgelöst hat. Die restlichen Soßenzutaten hinzufügen. Gründlich vermischen und Mengen je nach erwünschtem Geschmack anpassen.

Eine mittelgroße antihaftbeschichtete Pfanne auf mittlerer bis hoher Stufe erhitzen. So viel Öl hineingeben, dass der Pfannenboden bedeckt ist, und es erhitzen. 80–120 ml Teig hineingießen; dabei beachten, dass diese Menge sich nach der Größe der Pfanne richtet. Teig und Kimchistücke gleichmäßig zu einem Pfannkuchen ausbreiten, der ungefähr 0,5–1,5 cm dick ist.

Den Pfannkuchen 3–4 Minuten auf mittlerer Stufe backen. Wenn die Ränder allmählich trocken werden, vorsichtig mit einem Spatel loslösen, damit sie nicht an der Pfanne ansetzen. Sobald der Pfannkuchen auf der Unterseite knusprig ist und ein paar braune Punkte hat, vorsichtig mit dem Spatel wenden. Die andere Seite in wiederum 3–4 Minuten braun und knusprig backen. Aus der Pfanne nehmen und mit dem restlichen Teig wiederholen.

Die Pfannkuchen auf einen Teller oder ein Schneidbrett legen. Man kann sie in kleinere Stücke schneiden, bevor man sie mit dem Dip genießt.

Tofuspieße mit Erdnuss-Satésoße

Tofu am Spieß, zuvor in einer Mischung aus Kokosmilch und aromatisierenden Zutaten mariniert, dazu eine leckere Erdnusssoße: Bei diesem Appetizer, begleitet von einem leckeren erfrischenden Salat, läuft einem das Wasser im Mund zusammen.

Für 6 Saté-Spieße
Vorbereitung: 20 Minuten
Marinieren: 2 Stunden
Kochzeit: 20 Minuten

Tofu und Marinade
400 g extrafester Tofu
60 ml vollfette Kokosmilch
3 Knoblauchzehen, gehackt
2 TL Ingwer, gerieben
1 ½ EL Currypulver
2 EL reiner Ahornsirup
1 ½ EL Sojasoße

Utensilien
6 Bambusspieße

Erdnusssoße
65 g Erdnussbutter ohne Stückchen
2 EL Wasser, warm
1 EL Kokoszucker oder Menge nach Geschmack
1 EL Reisessig
½ TL Knoblauch, gehackt
½ TL Sesamöl
1 ½ TL Sriracha- oder eine andere scharfe Soße
1 TL Sojasoße

Zum Braten
neutrales Öl

Zum Servieren
Erdnüsse, gehackt, zum Garnieren (optional)
frisches Koriandergrün, gehackt, zum Garnieren (optional)
Limette, in Spalten geschnitten (optional)

Tofu vorbereiten: Den Tofu mindestens 10 Minuten auspressen, damit die überschüssige Flüssigkeit abläuft (weitere Details siehe S. 13).

In einem großen luftdichten Behälter die Zutaten für die Marinade miteinander mischen. Die Mengen je nach erwünschtem Geschmack anpassen.

Den Tofu in 3 cm große Würfel schneiden, in die Marinade geben und darin wenden, um sie gleichmäßig mit der Soße zu überziehen. Den Tofu im Kühlschrank mindestens 2 Stunden marinieren. Man kann ihn auch über Nacht in der Marinade lassen.

Die Bambusspieße mindestens 30 Minuten in warmem Wasser einweichen, damit sie beim Braten nicht brennen.

Erdnusssoße zubereiten: In einer kleinen Schüssel alle Zutaten für die Erdnusssoße zu einer glatten Masse vermischen. Zutaten- und Wassermengen je nach erwünschtem Geschmack und erwünschter Konsistenz anpassen.

Nach dem Marinieren immer jeweils 5 oder 6 Tofuwürfel – oder so viele, wie ohne Quetschen daraufpassen – auf einen Spieß stecken.

Die Spieße braten: Eine mittelgroße Pfanne auf mittlerer Stufe erhitzen. Pfannenboden großzügig mit Öl bestreichen. Tofuspieße in die Pfanne legen und auf jeder Seite 4–5 Minuten braten, bis sie geröstet sind; mit der restlichen Marinade übergießen, damit sie beim Braten aufgenommen wird. Wenn der Tofu von allen Seiten geröstet ist (nach insgesamt ungefähr 15 Minuten), Pfanne vom Herd nehmen.

Die Tofuspieße mit der Erdnuss-Satésoße servieren und als Topping, falls gewünscht, gehackte Erdnüsse, Koriandergrün und einen Spritzer frischen Limettensaft daraufgeben.

Philippinische Kürbis-Reibekuchen (Kalabasa Okoy)

Dünne, knusprige Kürbis-Reibekuchen und dazu ein süßer Chili-Essig-Dip. Diese Reibekuchen (Okoy) sind ein berühmtes philippinisches Streetfood, mit dem ich groß geworden bin. Sie werden ganz unterschiedlich zubereitet (mit Garnelen bis hin zu kleinen Fischen namens »silver fish«). Die Hauptzutat dieser veganen Variante ist Kürbis. Häufig genießt man die Reibekuchen als köstlichen und sättigenden Appetizer; ich mag sie ganz besonders gern als Fingerfood.

Für 12–14 Reibekuchen
Vorbereitung: 25 Minuten
Kochzeit: 20 Minuten

Kürbis-Reibekuchen

720 g Garten- oder Butternusskürbis, roh, gerieben (siehe Anmerkung)
1 kleine Zwiebel, gewürfelt
1 kleine rote Paprikaschote, ohne Kerne und gewürfelt
65 g Maisstärke
125 g Weizenmehl
1 ¾ TL Salz oder nach Belieben
⅛ TL schwarzer Pfeffer aus der Mühle
120 ml Wasser, zimmerwarm
neutrales Öl zum Ausbacken

Süßer Chili-Essig

120 ml destillierter weißer Essig
½ TL Salz
2 EL Rohrzucker oder Menge nach Geschmack
¼ TL schwarzer Pfeffer aus der Mühle
½ mittelgroße rote Zwiebel, gewürfelt
1 frische Bird's-Eye-Chilischote, in Ringe geschnitten (Kerne entfernen, wenn es weniger scharf sein soll)

Reibekuchen vorbereiten: In einer großen Schüssel Kürbis, Zwiebeln und Paprikawürfel gründlich miteinander mischen. In einer mittelgroßen Schale Maisstärke, Mehl, Salz und schwarzen Pfeffer vermischen. Unter stetigem Rühren mit einem Spatel das Mehlgemisch in das Kürbisgemisch geben. Alles vermengen, bis das Gemüse mit dem Mehlgemisch überzogen ist. Vorsichtig das Wasser hineingießen und nun vermengen, bis alles gut vereint ist und gut zusammenhält. Sollte das Gemisch zu nass sein und zerfließen, kann man noch 1–2 EL Mehl hinzugeben. Eventuell tritt aus dem Kürbis durch das Salz noch Flüssigkeit aus.

Eine große Pfanne auf mittlerer bis hoher Stufe erhitzen und so viel Öl hineingeben, dass die Reibekuchen komplett im Öl versinken.

In der Zwischenzeit den süßen Chili-Essig zubereiten: In einer kleinen Schüssel alle Soßenzutaten vermischen, bis der Zucker sich aufgelöst hat.

Wenn das Öl heiß ist und Bläschen aufsteigen, ungefähr 120 g Kürbismischung auf der Handfläche flach drücken (knapp 1,5 cm dick). Den Reibekuchen vorsichtig ins Öl geben. Wenn die Reibekuchen im Öl liegen, kann man sie mit einem Spatel noch flacher drücken. Von jeder Seite 3 Minuten ausbacken, bis sie goldbraun und an den Rändern knusprig sind.

Die Reibekuchen aus dem Öl nehmen, sobald sie ganz und gar kross sind, und in ein Sieb geben, damit das überschüssige Öl abtropft. Nicht zudecken, solange sie noch heiß sind, denn dann könnten sie matschig werden. Restliche Reibekuchen ausbacken und zum Schluss die Pfanne vom Herd nehmen. Die Reibekuchen heiß servieren und dazu den Chili-Essig zum Dippen reichen.

Anmerkung: Den Kürbis zum Reiben zunächst halbieren und die Kerne entfernen. Dann in Spalten schneiden und vorsichtig mit einem Schälmesser schälen. Zum Reiben kann man eine Käsereibe verwenden.

Curry-Tofu-Küchlein

Das wirst du lieben: Hineinbeißen in diese mit Curry, Ingwer und Koriander gewürzten Tofu-Küchlein mit einem Hauch Chilischärfe. Du kannst sie mit deiner bevorzugten süßen Chilisoße pur genießen oder zum Vermicelli-Salat (S. 143) – ein wirklich köstlicher Auftakt zu deiner Mahlzeit.

Für 15 Küchlein
Vorbereitung: 15 Minuten
Kochzeit: 20 Minuten

400 g extrafester Tofu
45 g Karotte, fein gerieben
2 Bird's-Eye-Chilischoten, in Ringe geschnitten (optional)
2 EL frisches Koriandergrün, gehackt
2 EL Currypulver
1 ¼ TL Meersalz
½ große grüne oder rote Paprikaschote, ohne Kerne, gewürfelt
½ TL gemahlener Ingwer
1 TL Knoblauch, gehackt
65 g Weizenmehl plus etwas mehr nach Bedarf
¼ TL schwarzer Pfeffer aus der Mühle
neutrales Öl zum Braten
süße Chilisoße oder Dipsoße nach Wahl zum Servieren

Den Tofu mindestens 10 Minuten auspressen, damit die überschüssige Flüssigkeit abläuft (weitere Details siehe S. 13), dann den Tofu in eine Schüssel geben und mit den Händen oder einer Gabel zerkrümeln. Karotten, Chiliringe (falls verwendet), Koriandergrün, Currypulver, Salz, Paprikawürfel, Ingwer, Knoblauch, Mehl und schwarzen Pfeffer hinzufügen. Alles vermischen, bis es gut vereint ist.

Eine kleine Handvoll der Tofumischung vorsichtig zu einem kleinen, 2,5 cm dicken Bratling formen. Mit der restlichen Mischung wiederholen. Falls das Gemisch zu feucht ist und nicht gut die Form hält, noch 1–2 EL Mehl hinzufügen.

Eine große Pfanne (z. B. eine antihaftbeschichtete) auf hoher Stufe erhitzen. So viel Öl hineingeben, dass der Pfannenboden bedeckt ist. Wenn das Öl heiß ist und kleine Bläschen aufsteigen, die Bratlinge vorsichtig in die Pfanne geben (evtl. in mehreren Chargen, wenn nicht alle auf einmal in die Pfanne passen). Die Hitze auf mittlere Stufe verringern und die Bratlinge auf der ersten Seite 5–6 Minuten anbraten, bis sie goldbraun sind. Die Bratlinge wenden und mit der anderen Seite wiederholen. Sobald sie goldbraun und knusprig sind, aus dem Öl nehmen und in ein Sieb oder auf einen mit Küchenpapier ausgelegten Teller legen, damit überschüssiges Öl abtropft.

Die Küchlein heiß servieren und mit deiner Lieblings-Chilisoße (süß) oder einem Dip deiner Wahl genießen.

Knusprige vietnamesische Crêpes (Bánh Xèo)

Bánh Xèo habe ich nach einer Bootsfahrt im Mekongdelta kennengelernt; wir aßen in einem schwimmenden Restaurant zu Mittag. Bei der veganen Version dieses Gerichts gab man anstelle des üblichen Schweinefleischs und der Garnelen viele Bohnensprossen auf den Crêpe. Er wurde mit Reispapier und einem Teller voller Kräuter und Gemüse serviert; man rollte ihn selbst auf und tunkte ihn anschließend in die Soße. Bei dieser Variante habe ich Pilze hinzugefügt und den Crêpe mit Salat umwickelt. Jeder Bissen ist pikant und erfrischend und du musst unbedingt mit den Händen essen.

Für 5 Crêpes
Vorbereitung: 15 Minuten
Kochzeit: 25 Minuten

Füllung
1 EL neutrales Öl
250 g frische Bohnensprossen
250 g frische Pilze nach Wahl (z. B.Shiitake-, Austernpilze oder Champignons)
2 EL vegane Fischsoße (Rezept zum Selbstmachen auf S. 163)

Crêpe-Teig
80 g Reismehl
30 g Weizenmehl
1 TL gemahlene Kurkuma
¼ TL Meersalz
300 ml Wasser, Zimmertemperatur
160 ml vollfette Kokoscreme, Zimmertemperatur
1 Frühlingszwiebel, fein gehackt
neutrales Öl zum Braten

Zum Servieren
60 ml vegane Fischsoße
1 ½ TL Kokos- oder Palmzucker, Menge nach Belieben
1 EL frischer Limettensaft
1 Handvoll frische Minze, Koriandergrün und Thaibasilikumblätter
1 Salatkopf, in Blätter zerteilt

Füllung vorbereiten: Eine antihaftbeschichtete Pfanne (Ø25 cm) auf hoher Stufe erhitzen, dann Öl hineingeben. Bohnensprossen und Pilze unter Rühren anbraten, bis sie weich sind (3–4 Minuten). Fischsoße nach Geschmack hinzugeben, vermischen, dann in eine kleine Schüssel geben. Beiseitestellen.

Den Crêpe-Teig zubereiten: In einer mittelgroßen Schüssel Reismehl, Mehl, Kurkuma und Salz gründlich miteinander vermengen. Mit einem Spatel vermischen und zugleich Wasser, Kokoscreme und Frühlingszwiebel nhinzugeben. Den Teig zu einer glatten Masse verarbeiten.

Die Pfanne, in der das Gemüse angebraten wurde, auf hoher Stufe erhitzen. Kein Öl hineingeben. Wenn die Pfanne heiß ist und Rauch aufsteigt, ⅕ von Pilzen und Bohnensprossen hineingeben und gleichmäßig verteilen. Den Teig gut umrühren. Die Pfanne vorsichtig vom Herd nehmen. 120 ml Teig aus der Schüssel schöpfen und in die Pfanne gießen, während diese im Uhrzeigersinn leicht gedreht wird, damit der Teig sich verteilt. Dem dabei entstehenden Brutzelgeräusch verdankt das Gericht seinen Namen – »Xèo« bedeutet »Zisch!«. Unbedeckte Stellen mit 1–2 EL Teig auffüllen.

Die Pfanne wieder auf den Herd stellen und die Hitze auf mittlere Stufe verringern. Deckel auflegen und Crêpe etwa 4 Minuten braten lassen, bis die Seiten ein wenig kross werden und sich von der Pfanne lösen. Die Seiten des Crêpes mit Öl bestreichen, dann weitere 2 Minuten braten, bis er auf der Unterseite punktuell gebräunt ist. Crêpe vorsichtig in der Mitte falten. Man braucht ihn nicht zu wenden und von der anderen Seite zu braten. Crêpe aus der Pfanne auf einen Teller gleiten lassen. Mit dem restlichen Gemüse und Teig wiederholen.

Während die Crêpes braten, den Dip zubereiten: In einer kleinen Schüssel vegane Fischsoße, Zucker und Limettensaft verrühren, bis der Zucker sich aufgelöst hat. Die Mengen nach Belieben anpassen.

Und so wird das Bánh Xèo gegessen: ein kleines Stück Crêpe abschneiden und mit frischen Kräutern auf ein Salatblatt geben. Salat aufrollen, in die Soße dippen und hineinbeißen!

Seetang-Gurken-Salat mit Miso-Sesam-Dressing

Zu diesem Salat haben mich Gerichte auf Essigbasis, wie etwa Sunomono, inspiriert, die ich in japanischen Restaurants sehr gern als Vorspeise esse. Sunomono besteht normalerweise aus in Essig marinierter Salatgurke. In meiner Variante wird eine Mischung aus dem Seetang Wakame und Salatgurke mit einem süßen und leicht sauren Dressing kombiniert, das durch das Miso auch sehr umami ist. Dieser Salat ist unglaublich schlicht und gesund zugleich!

Für 2 Portionen
Vorbereitung: 20 Minuten
Kochzeit: keine

Seetang-Gurken-Salat
1 große Salatgurke
1 ½ TL grobes Salz
2 EL Wakame, getrocknet (ergibt rehydriert 100 g)

Miso-Sesam-Dressing
1 EL weiße Misopaste
1 ½ EL Reisessig
2 TL Rohrzucker oder Menge nach Geschmack
1 TL dunkles Sesamöl
1 TL gerösteter Sesam plus etwas mehr für das Topping

Den Salat vorbereiten: Beide Enden der Salatgurke abschneiden und entsorgen. Salatgurke in Scheiben schneiden (etwa 6 mm dick). Die Gurkenscheiben in ein Sieb über einer Schüssel geben. Grobes Salz hinzufügen und gründlich mit der Gurke vermengen. Die Gurke mindestens 10 Minuten stehenlassen, damit überschüssige Flüssigkeit abtropft. Dieser Schritt ist ganz wichtig, damit die Gurke die Flüssigkeit nicht später abgibt, wenn sie mit dem Dressing vermengt wird. Nach den ersten 5 Minuten die Gurkenscheiben umrühren, damit auch sicher alle Stücke mit Salz überzogen sind. Nach mindestens 10 Minuten weitere Flüssigkeit aus den Gurkenstücken ausdrücken.

Während die Gurke im Salzgemisch zieht, den getrockneten Seetang in eine mittelgroße feuerfeste Schale geben. Mit kochendem Wasser übergießen, sodass er komplett bedeckt ist. Mindestens 5 Minuten rehydrieren. Seetang aus dem Wasser nehmen und überschüssige Flüssigkeit ausdrücken. Beiseitestellen.

Unter kaltem Wasser das Salz von den Gurkenstücken abspülen. Überschüssige Flüssigkeit ausdrücken.

Das Dressing zubereiten: In einer großen Schüssel oder einem Gefäß die Dressingzutaten miteinander vermischen. Die Mengen von Essig oder Zucker verändern, je nachdem, wie sauer oder süß das Dressing sein soll. Gurke und Seetang hineingeben, dann alles gründlich vermischen, bis es mit dem Dressing überzogen sind. Mit Sesam bestreuen, falls gewünscht.

Den Salat mindestens 30 Minuten in den Kühlschrank stellen, damit er die Aromen aufnimmt. Er wird am besten kalt gegessen. Man kann den Salat vor dem Verzehr bis zu 3 Tage im Kühlschrank aufbewahren.

Vermicelli-Salat

Hier kommt ein wirklich erfrischender Nudelsalat mit frischem, knackigem Gemüse und duftenden Kräutern in einem leichten und dennoch köstlichen Dressing. Er ist wirklich einfach in der Zubereitung und eignet sich perfekt als Beilage oder Vorspeise zu Gegrilltem oder zu anderen Gerichten, z. B. den Tofuspießen mit Erdnuss-Satésoße (S. 132), knusprigen Gemüse-Frühlingsrollen (S. 20) oder sogar zu gefüllten Teigtaschen.

Für 3 Portionen
Vorbereitung: 20 Minuten
Kochzeit: keine

Nudeln

50 g Glasnudeln (aus Mungbohnen) oder Reis-Vermicelli, trocken
kochendes Wasser

Dressing

2 EL Sojasoße
2 EL Reisessig
2 TL Kokoszucker oder anderer Zucker nach Wahl
1 EL neutrales Öl
1 Knoblauchzehe, gehackt
1 Bird's-Eye-Chilischote, gehackt (optional)

Salat

75 g Weißkohl, gehobelt
½ kleine Karotte, geschält, fein gestiftelt
1 grüne Zwiebel, fein geschnitten
1 EL frisches Koriandergrün, fein gehackt, plus etwas mehr zum Garnieren
1 EL frische Minzeblätter, fein gehackt
2 EL geröstete Erdnüsse, gehackt, plus etwas mehr zum Garnieren (optional)

Nudeln zubereiten: Die Nudeln in eine feuerfeste Schüssel geben. Kochendes Wasser aufgießen, bis sie komplett bedeckt sind. 6–7 Minuten ziehen lassen, bis sie bissfest und gar sind. Überschüssige Flüssigkeit abgießen und Nudeln abkühlen lassen. Die Nudeln mit einer Schere oder einem Messer grob in mundgerechte Stücke schneiden (ungefähr 5 cm lang).

Dressing zubereiten: Alle Dressingzutaten zusammen in eine kleine Schüssel oder einen Krug geben. Mischen oder schütteln, damit sich alles gut verbindet. Das Dressing abschmecken, bis der gewünschte süßlich-saure Geschmack erreicht wird; evtl. Chilischärfe hinzufügen. Beiseitestellen.

Salat anrichten: Gemüse, Kräuter und Erdnüsse (falls verwendet) sowie die klein geschnittenen Nudeln in eine große Schüssel geben. Das Ganze mit dem Dressing übergießen und gründlich vermengen. Den Salat mindestens 30 Minuten in den Kühlschrank stellen. Falls gewünscht, gehacktes Koriandergrün und Erdnüsse daraufgeben. Diesen Salat isst man am besten kalt. Er wird die Aromen aus dem Dressing noch weiter aufnehmen. Der Salat kann im Kühlschrank bis zu 3 Tage aufbewahrt werden.

Salat aus zerstoßenen Gurken

Ein einfacher und dennoch erfrischender und aromatischer Salat. Die festfleischigen Kirby-Gurken werden nicht in Scheiben geschnitten, sondern zerstoßen! So sind die Stücke unregelmäßig und mit einer unvergleichlichen Textur. Sie ziehen in einem leichten, leckeren und erfrischenden Dressing, das mit der Zeit, wenn die Gurke es aufnimmt, noch gewinnt. Für ein optimales Geschmackserlebnis am besten im Voraus zubereiten.

Für 2 Portionen
Vorbereitung: 20 Minuten
Kochzeit: keine

- 2 mittelgroße Kirby-Gurken (oder Freilandgurken oder Einlegegurken)
- ¾ TL Salz
- 3 Knoblauchzehen, gehackt
- ¾ TL Rohrzucker oder Menge nach Geschmack
- 1 EL helle Sojasoße
- 2 TL Sesamöl
- 1 TL gerösteter Sesam
- 1 TL Reisessig
- 1 TL Chili-Knoblauch-Öl mit Bodensatz (optional; Rezept zum Selbstmachen auf S. 159)

Bei den Gurken die Enden abschneiden. Beide Gurken auf ein Schneidebrett oder eine Arbeitsfläche legen. Mehrmals mit einem Nudelholz oder der flachen Klinge eines Schlagmessers auf die Gurken schlagen, damit sie sich spalten. Danach beide Gurken der Länge nach in 4 Stücke und diese wiederum schräg in 2,5 cm dicke Scheiben schneiden.

Die Gurkenstücke in ein Sieb geben, das auf einer Schüssel steht, mit Salz bestreuen und gründlich vermischen. Mindestens 15 Minuten beiseitestellen, damit die überschüssige Flüssigkeit austritt. Man kann die Gurken 2–3 Mal unter fließendem Wasser abspülen, um das Salz abzuwaschen, oder nach dem Abtropfen direkt in die Soße geben, falls sie salziger sein sollen. Die Schüssel ausspülen, die unter dem Sieb stand.

In diese Schüssel nun Knoblauch, Zucker, Sojasoße, Sesamöl und Sesam, Essig und Chili-Knoblauch-Öl (falls verwendet) geben. Alles miteinander vermischen, kosten und die Gewürze nach Belieben anpassen. Die Gurken in das Gemisch geben und alles miteinander vermengen, bis die Gurken gut damit überzogen sind.

Am besten vor dem Verzehr mindestens 30 Minuten in den Kühlschrank stellen und marinieren. Der Salat kann bis zu 3 Tage im Kühlschrank aufbewahrt werden.

Süße Versuchungen

Dieses Kapitel enthält einige meiner liebsten Desserts und süßen Naschereien: vom typisch thailändischen Mango-Klebreis, der in einer reichhaltigen Kokossoße gegart wird (S. 150), bis hin zu den karamellisierten Bananenröllchen (S. 148), die auf den Philippinen Turon heißen. Du wirst merken, dass du diese Desserts nicht nur am Ende der Mahlzeiten genießen kannst, sondern auch zwischendurch als perfekten Snack zum Tee oder zum Kaffee.

Philippinische karamellisierte Bananenröllchen (Turon)

Turon ist auf den Philippinen ein traditioneller Nachmittagssnack (»Pambansang Merienda«). Viele Straßenhändler verkaufen Turon als Dessert nach dem Mittagessen oder als kleinen Imbiss. Bananenstücke werden in Teigblätter gewickelt und knusprig frittiert, und zwar mit Zucker – so bildet sich dieser leckere karamellisierte Überzug. Sie werden aus wirklich einfachen Zutaten zubereitet und normalerweise für nur 50 Pesos verkauft (rund 45 Cent!). Im Allgemeinen nimmt man für Turon kleine, pralle Saba- oder Cardava-Bananen, die auf den Philippinen gedeihen. Ich habe für diese Variante Kochbananen genommen – derselbe Geschmack mit einer etwas anderen Textur, aber vor allem auch so richtig lecker!

Für 8 Röllchen
Vorbereitung: 10 Minuten
Kochzeit: 20 Minuten

8 Weizen-Teigblätter für Frühlingsrollen oder Lumpia, bei Zimmertemperatur aufgetaut (falls gefroren)
4 mittelgroße, reife Kochbananen oder normale Bananen, 17,5 cm lang (siehe Anmerkung)
3 EL dunkelbrauner Zucker oder Kokoszucker

Zum Kochen und Servieren
neutrales Öl zum Frittieren
5–6 EL dunkelbrauner Zucker oder Kokoszucker
veganes Vanilleeis (optional)

Die Teigblätter vorsichtig voneinander lösen. Mit einem sauberen, feuchten Handtuch abdecken, damit sie nicht austrocknen.

Beide Enden einer – ungeschälten – Kochbanane abschneiden und die Frucht der Länge nach halbieren. Schale entfernen und die Bananenhälften auf einen Teller legen. Mit den restlichen Kochbananen wiederholen.

Braunen Zucker auf einer großen, flachen Schale oder einem Teller verteilen. Kochbananen im Zucker wälzen und gleichmäßig damit überziehen.

1 Teigblatt auf der Arbeitsfläche zurechtlegen. Wenn quadratische Teigblätter verwendet werden, zeigt eine Spitze nach unten. Eine kleine Schale mit Wasser bereitstellen, um die Ränder des Teigblatts zu verkleben. Eine mit Zucker überzogene Bananenhälfte horizontal auf die Mitte des Teigblatts legen.

Das untere Ende des Teigblatts von sich weg zur Mitte falten und die Banane halb damit bedecken, dann fest andrücken. Den Finger ins Wasser tauchen, die linke und die rechte Spitze des Teigblatts mit Wasser benetzen und zur Mitte falten. Andrücken und so das nasse Teigblatt oberhalb der Bananenhälfte verschließen. Nun zur oberen Spitze hin aufrollen und mit Wasser verschließen; durch Rollen die Naht auf der Unterseite und die Kanten festwalzen.

Das fertige Röllchen auf einen Teller legen und mit einem sauberen Geschirrtuch zudecken, damit es nicht austrocknet. Das Prozedere mit den übrigen 7 Teigblättern und Bananenstücken wiederholen.

Die Röllchen frittieren: Eine große Pfanne oder einen Wok auf hoher Stufe erhitzen. So viel Öl hineingeben, dass die Röllchen mindestens zur Hälfte im Öl versinken. Wenn das Öl heiß ist, den braunen Zucker hineingeben. Durch die Hitze des Öls wirft er Blasen und schmilzt.

Anmerkung: Wenn du Saba- oder Cardava-Bananen bekommen kannst, die man normalerweise für Turon verwendet, wäre das noch besser! Du kannst insgesamt 8 Saba- oder Cardava-Bananen nehmen, halbieren und pro Röllchen eine Banane verwenden, denn diese Bananen sind kleiner.
Achte sonst darauf, dass sie noch fest sind. Nimm keine überreifen Bananen, denn sie werden praktisch zu Mus.

Mit einem Spatel umrühren, damit er nicht an der Pfanne ansetzt. Etwa 4 Röllchen hineingeben. (Achtung: Die Anzahl richtet sich nach der Größe der Pfanne.) Die Hitze etwas verringern und die Röllchen von jeder Seite 2 Minuten frittieren bis sie goldbraun sind; dabei alle 30 Sekunden im geschmolzenen Zucker bewegen und diesen, falls nötig, über die Röllchen schöpfen, damit sie gleichmäßig damit überzogen werden.

Die Röllchen vorsichtig aus dem Öl nehmen und in ein Sieb geben, damit das überschüssige Öl schnell abtropfen kann; dann zum Abkühlen auf einen flachen Teller legen. Der Zucker wird beim Abkühlen nach dem Frittieren weiter hart. Die überzogenen Röllchen nicht auf Küchenpapier legen, denn der Zucker würde daran festkleben. Zwischen den Röllchen sorgfältig etwas Abstand lassen, damit sie nicht aneinanderkleben, solange der Zucker heiß ist. 5 Minuten abkühlen lassen, bis der Zucker hart geworden ist. Nicht abdecken, sonst werden die Röllchen matschig. Den Vorgang mit den übrigen Rollen wiederholen.

Am besten schmecken die Röllchen, wenn sie frisch frittiert und äußere Karamellschicht und Teig noch knusprig sind. Pur genießen oder mit einem Löffel veganem Vanilleeis.

Thailändischer Klebreis mit Mango

Das ist wohl eins meiner Lieblingsdesserts. Gedanklich bin ich dann wieder in Bangkok, wo ich es am Straßenrand mit meiner Schwester zusammen gegessen habe. Eine köstliche Kombination aus in Kokosmilch gegartem Klebreis und frischen, süßen, reifen Mangos. Und man kann diese Süßspeise so leicht selbst zubereiten!

Für 4 Portionen
Einweichzeit für den Reis: mind. 8 bis max. 24 Stunden
Vorbereitung: 15 Minuten
Kochzeit: 40 Minuten

Kokosreis
210 g Klebreis, nicht gekocht
240 ml vollfette Kokosmilch
55 g Rohrzucker
½ TL Meersalz

Kokossoße
120 ml vollfette Kokosmilch
3 EL Kristallzucker
1 TL Maisstärke
2 TL Wasser, zimmerwarm

Mangos
2 große reife Mangos
gerösteter Sesam als Topping

Utensilien
Bambus- oder Metalldämpfer
Backpapier

Den Kokosreis zubereiten: Den Reis 3-mal waschen, dann mindestens 8 und maximal 24 Stunden in zimmerwarmem Wasser einweichen. Danach das Wasser abgießen. Boden und Seiten eines Bambusdämpfers mit Backpapier auslegen, damit der Reis nicht am Dämpfer ansetzt. Wird ein normaler Dämpfer mit Metall- oder Glasdeckel verwendet, diesen mit Backpapier auslegen und den Deckel mit einem großen Geschirrtuch umwickeln, damit die überschüssige Flüssigkeit aufgenommen werden kann. Den Reis in den vorbereiteten Dämpfer füllen und 25–30 Minuten dämpfen, bis der Reis bissfest ist. Die gekochten Reiskörner werden glasig.

In einem großen Topf die Kokosmilch auf mittlerer bis hoher Stufe erhitzen. Zucker und Salz hineingeben. Die Kokosmilch zum Kochen bringen (ungefähr 3 Minuten), dabei das Gemisch alle 30 Sekunden umrühren.

Wenn es kocht, die Temperatur reduzieren und weiterrühren, bis sich der Zucker aufgelöst hat. Den gedämpften Reis hineingeben und gründlich in das Kokosmilchgemisch einrühren. Den Reis gar kochen, bis er die Kokosmilch aufgenommen hat und dick geworden ist (ungefähr 4 Minuten). Vom Herd nehmen, Reis in eine mittelgroße Schüssel geben und 5 Minuten abkühlen lassen.

Kokossoße zubereiten: Kokosmilch und Zucker auf mittlerer bis hoher Stufe in denselben Topf geben. Langsam zum Kochen bringen, dabei stetig in derselben Richtung umrühren. Wenn das Gemisch nach ungefähr 2 Minuten kocht, die Hitze auf niedrige Stufe stellen.

In der Zwischenzeit in einer kleinen Schüssel Maisstärke und zimmerwarmes Wasser vermischen. Während die Soße unter Rühren zum Kochen gebracht wird, das Stärkegemisch zugießen. Vom Herd nehmen und etwa 1 Minute weiterrühren, bis die Soße dick wird. Bis zum Gebrauch in eine kleine Schüssel geben.

Die beiden Mangos schälen und von der Spitze ganz oben am Kern entlang nach unten längs in 4 Hälften zerteilen. Jede Hälfte in etwa 1,5 cm dicke Scheiben schneiden. Den Reis und die Mangos in 4 Portionen aufteilen und mit dem gerösteten Sesam bestreuen. Zum Schluss etwas Kokossoße darüberträufeln. Am besten frisch verzehren.

Tipps zum Aufbewahren und Erwärmen: Übrig gebliebene Portionen kann man über Nacht im Kühlschrank aufbewahren, sollte sie aber innerhalb von 1 oder spätestens 2 Tagen verbrauchen, denn Kokoscreme wird recht schnell schlecht.

Im Kühlschrank wird der Reis hart. Will man ihn so genießen, wie er direkt nach dem Zubereiten war, in ein mikrowellengeeignetes Gefäß geben und mit etwas Wasser besprenkeln. Deckel auflegen und für 30–45 Sekunden in die Mikrowelle geben, sodass der Reis im Dampf heiß werden kann.

Matcha-Kekse

Diese Kekse haben die charakteristische Farbe und den Geschmack von Matcha, was ihre feine Süße perfekt ergänzt. Man kann sie durch Anpassen der Backzeit krosser oder weicher backen. Du kannst sie solo oder aber zum Lieblingstee oder -getränk genießen.

Ergibt 12 Kekse
Vorbereitung: 20 Minuten
Backzeit: 20 Minuten

Leinsaat-»Ei«
1 EL gemahlene Leinsaat
2 EL Wasser, zimmerwarm

Trockene Zutaten
125 g Weizenmehl
½ TL Backsoda
¼ TL Salz
1 ½–2 TL Matchapulver, Menge nach gewünschtem Geschmack

Nasse Zutaten
60 ml neutrales Öl
110 g Rohrzucker
2 EL Soja- oder Hafermilch, zimmerwarm
½ TL Vanilleextrakt

Das Leinsaat-»Ei« zubereiten: In einer kleinen Schüssel gemahlene Leinsaat und Wasser vermischen. Im Kühlschrank 5 Minuten ziehen lassen, bis die Masse dick wird.

Den Ofen auf 190 °C Ober-/Unterhitze (Umluft: 170 °C) vorheizen. Ein Backblech mit einer Silikonmatte oder Backpapier auslegen.

Die trockenen Zutaten vorbereiten: In einer großen Schüssel alle Zutaten gründlich vermischen. Darauf achten, dass das Backsoda keine Klümpchen bildet.

Die nassen Zutaten vorbereiten: In einer separaten mittelgroßen Schüssel Öl und Zucker mit einem Spatel vermischen, bis sie sich gut vereint haben. Leinsaat-»Ei«, Milch und Vanilleextrakt hinzugeben, dann gut vermengen. Beiseitestellen.

In die Mitte der trockenen Zutaten eine Vertiefung drücken. Langsam das Gemisch aus den nassen Zutaten hineingießen. Mit einem Spatel gründlich vermischen, bis sich alles gut verbunden hat und kein Mehl mehr zu sehen ist. Es wird ein richtig dicker Keksteig.

Jeweils 2 EL Keksteig abstechen und zu einer Kugel formen. Die Kugeln im Abstand von 7,5 cm auf das Backblech setzen, dann zu einem Durchmesser von etwa 5 cm flach drücken.

Sollen die Kekse eher weich werden, dann 12 Minuten backen. Aus dem Ofen nehmen und auf einem Kuchengitter 10 Minuten abkühlen lassen; dabei werden sie etwas härter.

Sollen die Kekse krosser werden, dann 15–16 Minuten backen. Aus dem Ofen nehmen und auf einem Kuchengitter 10 Minuten abkühlen lassen; dabei werden sie noch härter.

Die Kekse lassen sich in einem luftdichten Behälter bei Zimmertemperatur bis zu 3 Tage oder im Kühlschrank bis zu 1 Woche aufbewahren.

Kokos-Cupcakes

Diese kleinen Kokos-Cupcakes sind von philippinischen Kokosmakronen und Puto (Küchlein aus gedämpftem Reis) inspiriert. Sie sind leicht, feucht, luftig-locker und kuchenartig, aber nicht zu süß! Sie schmecken ganz köstlich nach Kokos und haben durch die getrockneten Kokosraspeln extra viel Biss. Ich habe mit etwas Pandan-Extrakt noch duftendes Vanillearoma und einen Hauch Kokos hinzugefügt; ich verwende es gern sowohl in süßen als auch in herzhaften Gerichten. Mit diesem Rezept bereitest du schnell eine ganze Ladung Cupcakes zu, und wenn du mehr brauchst, kannst du es einfach verdoppeln!

Ergibt 9 Cupcakes
Vorbereitung: 15 Minuten
Backzeit: 25 Minuten

- 180 ml Soja- oder Hafermilch, zimmerwarm
- ½ TL destillierter Weißweinessig
- 125 g Weizenmehl
- ¼ TL Backpulver
- ⅛ TL Backsoda
- ¼ TL Meersalz
- 45 g Kokosraspeln, getrocknet, ungesüßt
- 3 EL Kokosöl, geschmolzen
- 75 g Rohrzucker
- 60 ml vollfette Kokosmilch
- ¼ TL Pandan-Extrakt oder -Pulver für extra viel Geschmack (optional)
- geröstete Kokoschips oder getrocknete Kokosraspeln als Topping

Den Ofen auf 180 °C Ober-/Unterhitze (Umluft: 160 °C) vorheizen. 9 Vertiefungen eines Muffinblechs mit Papierhüllen bestücken.

In einer mittelgroßen Schüssel Sojamilch und Essig verrühren. Beiseitestellen und 5 Minuten gerinnen lassen.

In einer weiteren Schüssel die trockenen Zutaten Mehl, Backpulver, Backsoda, Salz und getrocknete Kokosraspeln vermischen; darauf achten, dass keine Backsoda-Klümpchen mehr vorhanden sind.

Kokosöl, Zucker, Kokosmilch und Pandan-Extrakt oder -Pulver (falls verwendet) in das Sojamilchgemisch geben und gründlich vermengen, bis alles gut vereint ist. In die Mitte der trockenen Zutaten eine Vertiefung drücken. Die vermischten nassen Zutaten hineingießen und dabei mit einem Spatel umrühren. Trockene und nasse Zutaten mit Hebebewegungen vermischen, bis kein trockenes Mehl mehr zu sehen ist. Den Teig nicht übermäßig bearbeiten – Klümpchen sind völlig in Ordnung!

Den Teig gleichmäßig auf die Cupcake-Papierförmchen verteilen; meine waren 6,3 cm groß und ich habe sie mit 2 gehäuften EL Teig zu etwa ¾ gefüllt.

Die Cupcakes 20–25 Minuten backen bzw. so lange, bis ein Zahnstocher beim Einstechen in der Mitte des Cupcakes sauber wieder herauskommt. Cupcakes aus der Form nehmen und auf ein Kuchengitter setzen. Ein paar Minuten abkühlen lassen, dann Kokoschips oder -raspeln daraufgeben und servieren. Bei Zimmertemperatur können sie bis zu 2 Tage aufbewahrt werden, im Kühlschrank bis zu 1 Woche.

Basics und Soßen selbst gemacht

Dieses Kapitel enthält einfache Basics, leicht zuzubereiten, die ich immer im Schrank oder im Kühlschrank vorrätig habe. Vom selbst gemachten veganen Kimchi (S. 160) bis hin zur Teriyakisoße (S. 162) sind es Grundzutaten, die du ohne Probleme selbst herstellen und für viele Rezepte und Gerichte verwenden kannst. Es ist nicht nur extrem praktisch, sie einsatzbereit dazuhaben, sondern du sparst auch viel Geld, wenn du sie nicht kaufen musst – und außerdem kannst du sie geschmacklich so gestalten, wie du es magst!

Vegane Austernsoße

Eine selbst gemachte vegane Version der Austernsoße, schön herzhaft und dank der Pilze umami. Sie ist etwas dickflüssiger und nicht ganz so salzig wie gekaufte vegane Austernsoßen auf Pilzbasis oder Woksoßen, aber sie verleiht Rezepten eine angenehme geschmackliche Tiefe.

Für etwa 300 ml Soße
Vorbereitung: 20 Minuten
Kochzeit: 20 Minuten

28 g getrocknete Shiitakepilze (ungefähr 10 Stück)
360 ml Wasser, kochend
½ TL Knoblauch, gehackt
56 g dunkelbrauner Zucker oder Menge je nach erwünschter Süße
60 ml Sojasoße

Die getrockneten Pilze in eine große feuerfeste Schüssel geben. Kochendes Wasser hineingießen. Abdecken und 15 Minuten ziehen lassen, bis die Pilze aufgequollen und rehydriert sind. Das Wasser nicht entsorgen.

Pilze und Pilzwasser in einen Mixer geben. Alles zu einer vollständig glatten Masse pürieren.

Pürierte Pilze in einen Topf geben und die restlichen Zutaten hinzufügen. Gründlich mischen und auf mittlerer Stufe leise köcheln lassen, bis der Zucker vollständig geschmolzen ist (ungefähr 3 Minu ten). Die Zuckermenge nach erwünschtem Geschmack anpassen.

Vom Herd nehmen, die Soße komplett erkalten lassen und dann in ein luftdichtes Gefäß oder Vorratsglas füllen. Im Kühlschrank bis zu 2 Monate haltbar.

Chili-Knoblauch-Öl

Dieses Öl wird mit frischem Knoblauch, Chilischoten und Gewürzen zubereitet. Es ist höchst aromatisch und verleiht einem Gericht diesen köstlich würzigen Kick und extra viel geschmackliche Tiefe! Öl und Bodensatz schmecken auch ausgezeichnet in der Dipsoße für Teigtaschen und als zusätzliche Note in pfannengerührten Gerichten.

Für 240 ml Soße
Vorbereitung: 5 Minuten
Kochzeit: 25 Minuten

- 55 g Bird's-Eye-Chilischoten (etwa 30 Stück)
- 12 Knoblauchzehen, geschält
- 180 ml neutrales Öl
- ½ TL Salz
- 1 TL Rohrzucker
- ¼ TL chinesisches Fünf-Gewürze-Pulver
- 1 getrocknetes Lorbeerblatt (optional)
- 1 Sternanis, ganz, getrocknet (optional)
- 1 TL Szechuanpfefferkörner, zerstoßen oder gemahlen (optional)

Spitzen und Enden der Chilischoten abschneiden und Chilischoten und Knoblauchzehen in der Küchenmaschine hacken.

Einen mittelgroßen Topf auf mittlerer bis hoher Stufe aufsetzen. Neutrales Öl mit Salz, Zucker und chinesischem Fünf-Gewürze-Pulver einfüllen. Falls verwendet, Lorbeerblatt, Sternanis und Szechuanpfefferkörner hinzugeben.

Die Hitze etwas reduzieren und das Ölgemisch 5 Minuten simmern lassen, dann gehackten Knoblauch und gehackte Chilischoten hinzufügen. Alles auf mittlerer Stufe kochen und alle 2–3 Minuten umrühren, bis die Chilischoten ein sehr viel dunkleres Rot angenommen haben (insgesamt etwa 20 Minuten).

Vom Herd nehmen und das Gemisch vor dem Abfüllen vollständig erkalten lassen. Das Chili-Knoblauch-Öl ist in einem luftdichten Behälter oder Schraubdeckelglas an einem kühlen, dunklen Ort bis zu 3 Monate haltbar.

Veganes Kimchi

Das einfache vegane Kimchi ist sehr aromatisch– mit knackiger Textur und säuerlich-würzigem Kick. Zu Hause gehört es zu den Grundnahrungsmitteln und ich habe immer eine Portion im Kühlschrank, die ich als Beilage (Banchan) oder in koreanischen Kimchi-Pfannkuchen (S. 131) oder koreanischem Kimchi-Eintopf (S. 86) genieße.

Für 850 g Kimchi
Vorbereitung: 20 Minuten
Einweichen: 2 Stunden

Kohl
1 Chinakohl, 670 g
75 g grobes Salz
120 ml Wasser, zimmerwarm

Kimchi-Paste
120 ml Wasser, zimmerwarm
4 TL Klebreismehl (siehe Anmerkungen)
1 EL Rohrzucker
5 Knoblauchzehen
1 kleines Stück frischer Ingwer, geschält
33 g Gochugaru (koreanisches Chilipulver)
1 kleine weiße Zwiebel, geviertelt

Zusätze
½ mittelgroße Karotte, fein gestiftelt
50 g Frühlingszwiebeln, in feine Ringe geschnitten
1 TL Salz (optional; siehe Anmerkungen)

Kohl vorbereiten

Den Chinakohl der Länge nach vierteln. Festen Kern herausschneiden, dann den Kohl in 5 cm dicke Streifen schneiden. Geschnittenen Kohl in eine große Schüssel geben.

Mit grobem Salz bestreuen und Wasser hineingießen. Den Kohl umrühren, damit er gleichmäßig mit dem Salzgemisch überzogen wird.

Den Kohl mindestens 1 ½ Stunden im Salzwassergemisch ziehen lassen, dabei alle 30 Minuten umrühren, damit er gleichmäßig von der Salzmischung überzogen wird

Nach 1 ½ Stunden den Kohl 2–3 Mal unter fließendem Wasser abspülen, um überschüssiges Salz und etwaigen Schmutz zu entfernen. Kohl abtropfen lassen und die Flüssigkeit ausdrücken. Soll das Kimchi nach der Fermentation viel Flüssigkeit haben, etwas Flüssigkeit im Kohl belassen (weitere Tipps zum Fermentieren folgen).

Den abgetropften Kohl wieder in die Schüssel geben.

Kimchi-Paste zubereiten

Einen kleinen Topf auf mittlerer bis niedriger Stufe erhitzen. Wasser hineingeben und das Klebreismehl einrühren. Die Hitze etwas erhöhen.

Stetig rühren, bis aus dem Mehlgemisch eine sehr dicke Paste geworden ist. Vom Herd nehmen und ein paar Minuten abkühlen lassen.

Mehlpaste, Zucker, Knoblauch, Ingwer, Gochugaru und Zwiebeln in einen Mixer oder eine Küchenmaschine geben und zu einer gut vermischten Paste verarbeiten.

Kimchi mischen

Karotten und Frühlingszwiebelringe zum Kohl geben. Kimchi-Paste hinzufügen und sehr gründlich vermengen. Falls nötig, Salz nach Geschmack hinzugeben und gründlich mischen.

Das Kimchi in Schraubdeckelgläser oder luftdichte Behälter verteilen und zusammenpressen; dazu mit einem Löffel fest hinunterdrücken. Die Gefäße nur zu ¾ befüllen, denn das Kimchi dehnt sich beim Fermentieren aus.

Der Prozess der Fermentation

Das Kimchi mindestens 24–48 Stunden in den Gläsern oder luftdichten Behältern bei Zimmertemperatur fermentieren lassen und diese in den ersten 24 Stunden nicht öffnen. Die Dauer der Fermentation schwankt je nach Zimmertemperatur. In kälterer Umgebung kann es etwas über 2 Tage dauern; bei wärmerer Temperatur verläuft die Fermentation schneller. Durch die Fermentation erhält das Kimchi seinen sauren Geschmack und mit Fortsetzung des Prozesses werden säuerlicher Geruch und Geschmack sowie die Würze des Kimchis stärker.

Anmerkungen und häufig gestellte Fragen

Mehl: Traditionellerweise wird Klebreismehl verwendet. Wenn du keines bekommen kannst, nimmst du normales Reismehl oder sogar Weizenmehl.

Salz: Salzen ist manchmal gar nicht nötig, denn der Kohl weicht in Salzwasser ein und nimmt das Salz mit der Zeit auf. Am besten kostet man das Kimchi vor dem zusätzlichen Salzen. Falls gewünscht, kann man sogar noch ein paar Tage später Salz hinzugeben, wenn die Aromen sich allmählich entfaltet haben.

Zu salzig? Wenn das Kimchi nach der Fermentation zu salzig wird, kann man mehr Gemüse hinzugeben, z. B. gestiftelte Karotten, Frühlingszwiebeln oder Rettich, damit sie Salz aufnehmen. Im Kühlschrank ziehen lassen und nach ein paar Tagen noch einmal kosten.

Weitere Tipps zum Fermentieren

Bläschen und Lufttaschen: Du wirst merken, dass sich das Kimchi während der Fermentation ausdehnt und Bläschen bildet. Das ist ein gutes Zeichen!

Nach der Fermentation: Wenn das Kimchi fermentiert und so sauer ist wie gewünscht, gründlich umrühren, damit auch sicher das gesamte Gemüse mit Flüssigkeit getränkt ist. Das Kimchi erneut pressen und zusammendrücken, dann das Gefäß verschließen und in den Kühlschrank stellen, damit es länger frisch bleibt.

Kimchisaft: Kimchisaft ist für bestimmte Rezepte perfekt, z. B. für den koreanischen Kimchi-Eintopf (S. 86) und koreanische Kimchi-Pfannkuchen (S. 131), denn Farbe und Geschmack werden durch Kimchi erheblich intensiver. Doch was macht man, wenn es nicht so sehr viel Flüssigkeit hat? Meiner Meinung nach wird dem Kimchi viel von der Flüssigkeit genommen, wenn man den Kohl bei der Vorbereitung zu stark ausdrückt. Er gibt dann nach der Fermentation nicht mehr so viel Wasser ab, um Saft zu bilden. Wer saftiges Kimchi möchte, kann den Kohl einfach nur gut waschen, um das Salz zu entfernen, und sollte ihn vor dem Vermengen mit der Paste nicht zu stark ausdrücken.

Aufbewahrung: Kimchi kann sich im Kühlschrank wirklich lange halten, ich kann keinen genauen Zeitrahmen nennen! Die Aromen werden intensiver, wenn es länger im Saft zieht. Das gilt es zu bedenken, vor allem, wenn es zu Beginn etwas salzig ist.

Teriyakisoße

Dies ist eine authentische Teriyakisoße aus nur 4 Zutaten, perfekt ausgewogen zwischen süß und pikant. Man kann sie auch zu einer Glasur eindicken und als Dip oder Überzug für Lieblingsgerichte verwenden. Die traditionelle Teriyakisoße wird ohne Stärke zubereitet, denn Süßungsmittel und der Zucker in Sake und Mirin machen sie etwas dickflüssiger.

Für 240 ml Soße
Vorbereitung: 5 Minuten
Kochzeit: 10 Minuten

Teriyakisoße
120 ml Sake
120 ml Hon Mirin oder Mirin
120 ml Sojasoße
55 g dunkelbrauner Zucker oder Rohrzucker, Menge nach Geschmack

Glasur (optional)
1 ½ EL Maisstärke
3 EL Wasser, zimmerwarm

Einen mittelgroßen Topf auf mittlerer Stufe erhitzen. Sake, Mirin, Sojasoße und Zucker hineingeben. Das Gemisch langsam zum Kochen bringen; dabei in einer Richtung rühren, bis sich der Zucker vollständig aufgelöst hat.

Die Soße so lange köcheln lassen, bis sie wegen des Zuckers allmählich sämig wird (ungefähr nach 7–8 Minuten).

Wenn aus der Soße Glasur werden soll, in einer kleinen Schüssel aus Maisstärke und Wasser einen Stärkebrei anrühren. Unter ständigem Rühren diesen in die Teriyakisoße gießen und kochen lassen, bis die Soße eindickt (etwa 2 Minuten). Dann nach Belieben abschmecken.

Vom Herd nehmen. Die Soße wird beim Abkühlen noch etwas dickflüssiger. In ein Schraubdeckelglas füllen und zunächst komplett abkühlen lassen. Kann im Kühlschrank bis zu 1 Monat aufbewahrt werden.

Vegane Fischsoße

Dies ist eine wirklich einfache, selbst gemachte vegane Fischsoße, perfekt für südostasiatische Gerichte wie Pad Thai (S. 48), vietnamesische Bánh Xèo (S. 139) und mehr!

Für 240 ml Soße
Vorbereitung: 10 Minuten
Kochzeit: Keine

- 55 g Kokoszucker
- 1 TL Chiliflocken
- 1 TL frischer Knoblauch, gehackt
- 180 ml Wasser, kochend
- 2 EL Limettensaft, frisch gepresst
- 1 ½–2 TL Meersalz

In einer kleinen feuerfesten Schüssel Zucker, Chiliflocken und Knoblauch vermischen. Kochendes Wasser hinzugießen. Gut vermischen, bis sich der Zucker aufgelöst hat. Limettensaft und Salz hinzugeben (mit der kleineren Salzmenge anfangen und dann erst mehr hinzugeben, je nach erwünschter Salzigkeit).

Die Soße abkühlen lassen und in einem luftdichten Behälter aufbewahren. Sie hält sich im Kühlschrank bis zu 3 Wochen. Die Aromen werden intensiver, wenn die Soße zieht.

Selbst gemachte süße Sojasoße (Kecap Manis)

Hierbei handelt es sich um eine selbst gemachte süße, sirupartige und dicke Sojasoße, perfekt in Gerichten wie dem indonesischen Bratreis (S. 40). Auch als Soßenbasis für Tofu und Gemüse ist sie ideal.

Für 240 ml Soße
Vorbereitung: 5 Minuten
Kochzeit: 15 Minuten

- 240 ml Sojasoße
- 220 g brauner Zucker
- 2 getrocknete Sternanis, ganz
- 4 Knoblauchzehen, halbiert oder zerkleinert und zerdrückt
- 2,5 cm großes Stück frischer Ingwer
- 1 TL schwarze Pfefferkörner, ganz

In einem Topf auf mittlerer bis niedriger Stufe alle Zutaten miteinander verrühren. Etwa 15 Minuten unter gelegentlichem Umrühren ganz leise köcheln, bis der Zucker sich aufgelöst hat und die Soße eingedickt ist. Sollte die Soße je anfangen, richtig zu kochen, die Hitze reduzieren, sodass es beim Simmern bleibt.

Vom Herd nehmen. Knoblauch, Sternanis, Ingwer und Pfefferkörner herausnehmen oder abseihen. Das Gemisch abkühlen lassen. Die süße Sojasoße wird beim Abkühlen noch weiter eindicken.

Im Kühlschrank in einem luftdichten Gefäß bis zu 6 Monate haltbar.

Ingwer-Frühlingszwiebel-Soße

Eine wirklich duftende, aromatische und ungeheuer vielseitige Soße. Genieße sie als Lieblingssalatsoße oder Dip, gib sie auf gedämpften Reis, in pfannengerührte Gerichte … die Liste ist endlos!

Für etwa 350 ml Soße
Vorbereitung: 5 Minuten
Kochzeit: 5 Minuten

- 115 g Frühlingszwiebeln, einschließlich der grünen Teile
- 55 g frischer Ingwer
- ¾–1 TL Salz, Menge nach Geschmack
- ⅛ TL chinesisches Fünf-Gewürze-Pulver (optional)
- 180 ml neutrales Öl (siehe Anmerkung)

Das Wurzelende unten an den Frühlingszwiebeln abschneiden. Frühlingszwiebeln in 5 cm lange Stücke schneiden. Ingwer schälen und in 2,5 cm große Stücke schneiden. Frühlingszwiebeln und Ingwer in eine Küchenmaschine geben und hacken.

Frühlingszwiebeln und Ingwer in eine große feuerfeste Schüssel geben. Salz und chinesisches Fünf-Gewürze-Pulver (falls verwendet) hinzugeben und gründlich vermischen.

In einem kleinen Topf das Öl auf hoher Stufe 3–4 Minuten erhitzen, bis Bläschen aufsteigen und ein Stück Frühlingszwiebel zischt, wenn es ins Öl gegeben wird. Vom Herd nehmen.

Das zischend heiße Öl sofort und vorsichtig in die Schüssel mit Ingwer und Frühlingszwiebeln gießen. Vorsichtig alles mit einem feuerfesten Löffel verrühren. Das Gemisch kosten und nach Geschmack noch mehr Salz untermischen.

Die Soße komplett abkühlen lassen und dann in ein luftdichtes Glasgefäß füllen. Darauf achten, dass alle Ingwer- und Frühlingszwiebelstücke mit Öl bedeckt sind. Die Soße kann bis zu 1 Monat im Kühlschrank aufbewahrt werden.

Anmerkung: Neutrales Öl ist hier ganz wichtig, denn andere Öle – wie Oliven- oder Kokosöl – würden die Aromen von Ingwer und Frühlingszwiebel gänzlich überlagern.

Danksagung

Zuerst möchte ich allen bei Page Street Publishing danken. Dem Verleger William Kiester dafür, dass er Interesse an meiner Arbeit und meinen Erfahrungen gezeigt hat – dass er dieses Buch möglich gemacht hat, mir die Gelegenheit gegeben hat, es zu gestalten und zu veröffentlichen, und somit meinen Rezepten und Geschichten ermöglicht, in die Welt hinauszugehen!

Ein großes Dankeschön an meine Redakteurin Sarah Monroe, dass sie mich durch diesen ganzen Prozess hindurchgeführt hat. All ihre Anmerkungen, Tipps und Vorschläge haben mir nicht nur geholfen, mein Schreiben zu verbessern, sondern sie haben mich auch besser begreifen lassen, was es heißt, eine Botschaft vernünftig rüberzubringen, sodass die Leute sie besser verstehen und von ihr lernen können. Ich erinnere mich noch an unser erstes Telefonat: Sie halfen mir, zu »brainstormen«, was ich eigentlich wollte, und das hat uns bis an diesen Punkt gebracht. Für die Chance, dass ich mit Ihnen an diesem Buch arbeiten konnte, werde ich immer dankbar sein.

Ich danke meiner Lektorin Iris Bass dafür, dass sie jede einzelne Zeile meines Manuskripts durchgesehen hat. Sie haben sichergestellt, dass auch die kleinsten Details klar, strukturiert und gut verständlich sind. Ich danke Ihnen für Ihre Zeit und Geduld, mit der Sie dafür sorgten, dass alles einwandfrei ist.

Dem Designteam, vor allem Meg Baskis, Kylie Alexander und Laura Benton, danke ich, dass sie meine Ideen so wunderschön dargestellt haben und sie haben real werden lassen. Ich weiß, ich habe dem Team unzählige Versionen meines Covers zur Probe vorgelegt – danke, dass Sie meine Unentschlossenheit ertragen haben.

Meinen Eltern bin ich besonders dankbar: Danke Mommy und Daddy für die Liebe und die Orientierung; dass ihr mir schon früh beigebracht habt, wie wichtig harte Arbeit ist, dass ihr mich mit der Welt des Reisens in Kontakt gebracht und meine Augen und meinen Geist für verschiedene Kulturen geöffnet habt, die uns alle einmalig machen. Ohne euch und die ganzen Jahre, in denen ihr unermüdlich gearbeitet habt, um für mich zu sorgen, wäre es mir nicht möglich gewesen, einen Weg einzuschlagen, der mich begeistert. Ich hätte meine Rezepte nicht öffentlich machen und über meine Geschichte schreiben können, wenn ihr nicht gewesen wärt, deren Opfer mir dies ermöglicht haben. Auch meiner Achi, meiner älteren Schwester, spreche ich meine Liebe und Dankbarkeit aus, denn sie hat es ausgehalten, wenn ich bis spät in der Nacht auf war, und immer ein Auge auf mich gehabt. Danke, dass du mich immer daran erinnerst, zu schlafen und mich etwas auszuruhen. Du warst auf dem ganzen Weg an meiner Seite, vom Beginn mit meinem Blog bis zu dem Moment Jahre später, als ich die Möglichkeit bekam, dieses Buch zu schreiben. Du hast mich auch immer konstruktiv kritisiert und Ideen gehabt, welche Rezepte als Nächstes zu machen wären und wo ich mich verbessern konnte, und dafür bin ich sehr dankbar.

Ich danke auch meinen besten Freunden, weil sie die ganze Zeit über an mich geglaubt haben. Ihr habt mich immer motiviert, mich zu verbessern, und seid immer mein Supportsystem gewesen und geblieben. Ihr habt mir ganz von Anfang an alle Liebe und Unterstützung erwiesen, seit den frühen Tagen, als ich auf dem College noch nach meinem Weg als Veganerin suchte – und ihr wart mein Leitlicht an Tagen, an denen ich an mir und meinen Fähigkeiten zweifelte. Danke, dass ihr mir geholfen habt, an mich zu glauben und nach dem zu streben, was mich glücklich macht, egal wie schwer es ist. Ihr habt mir nicht nur geholfen, als Mensch zu wachsen, sondern ihr habt mir auch gezeigt, wie wichtig es ist, die Menschen um mich herum wertzuschätzen. Danke, dass ihr meine helfenden Hände in der Küche und meine Probeesser gewesen seid und – ob gut oder nicht – mein Essen geschätzt habt!

Mein Dank und meine Wertschätzung gelten auch allen Menschen, die diesen Weg mit mir gegangen sind. Danke, dass ihr meinen Rezepten eine Chance gegeben und sie ausprobiert habt, und für euer Feedback. Ich bin dankbar dafür und werde es auch immer sein, dass ich mit so vielen wundervollen Menschen aus allen Teilen der Welt in Verbindung treten konnte und Geschichten und Erfahrungen mit euch teilen konnte. Auch eure Geschichten haben mich inspiriert und motiviert. Ob ihr seit dem Beginn von *The Foodie Takes Flight* dabei gewesen wart oder mich erst später erlebt habt, als ich schon allmählich meine Flügel ausbreitete – danke, dass ihr mir helft zu fliegen!

Und schließlich: Ich danke *dir*. Danke, dass du diesem Buch eine Chance gibst und sogar bis zum Ende der Danksagungen durchgehalten hast! Fühle dich umarmt!

Danke, Maraming Salamat!

Über die Autorin

Jessica Uy, besser bekannt als Jeeca, kocht leidenschaftlich gern zu Hause, entwickelt vegane Rezepte und ist die Foodbloggerin und Fotografin hinter dem beliebten Rezeptblog und Instagram-Account *The Foodie Takes Flight*. Was als reiner Account zur Dokumentation ihrer täglichen Mahlzeiten und kulinarischen Entdeckungen begann, als sie vegan wurde, verwandelte sich nach und nach zu einer Plattform für Hunderttausende, auf der sie vegane Rezepte teilt. Sie sind von den Gerichten inspiriert, mit denen sie groß wurde und die sie auf ihren Reisen kennenlernte. Ihre Art zu kochen ist davon beeinflusst, dass sie chinesisch-philippinisch aufwuchs: eine Fusion fernöstlicher und südostasiatischer Aromen. Berichte und Veröffentlichungen zu ihrer Arbeit erschienen unter anderem in *Thrive, Vegan Food, Living* und *the feedfeed.*

Register

A

B

C

D

E

F

G

H

I

J

K

L

M

N

P

T

U

V